感谢内蒙古教育厅自然科学重点项目"社会资本对新生代农民工就业与收入分配的影响研究：理论模型与实证分析"（NJZZ003）对本书的资助。

中国住房模式选择与政府干预政策研究

Housing Mode Selection and Intervention Policy
of China's Housing Sector

◎ 梁 斌／著

经济科学出版社
Economic Science Press

图书在版编目（CIP）数据

中国住房模式选择与政府干预政策研究／梁斌著 . —北京：经济科学出版社，2015. 12

ISBN 978 - 7 - 5141 - 6415 - 2

Ⅰ . ①中… Ⅱ . ①梁… Ⅲ . ①住房政策 - 模式选择 - 研究 - 中国②房地产市场 - 行政干预 - 研究 - 中国 Ⅳ . ①F293. 31

中国版本图书馆 CIP 数据核字（2015）第 308760 号

责任编辑：段 钢
责任校对：郑淑艳
责任印制：邱 天

中国住房模式选择与政府干预政策研究

梁 斌 著

经济科学出版社出版、发行 新华书店经销

社址：北京市海淀区阜成路甲 28 号 邮编：100142

总编部电话：010 - 88191217 发行部电话：010 - 88191522

网址：www. esp. com. cn

电子邮件：esp@ esp. com. cn

天猫网店：经济科学出版社旗舰店

网址：http://jjkxcbs. tmall. com

北京万友印刷有限公司印装

710×1000 16 开 9. 25 印张 200000 字

2016 年 1 月第 1 版 2016 年 1 月第 1 次印刷

ISBN 978 - 7 - 5141 - 6415 - 2 定价：42. 00 元

（图书出现印装问题，本社负责调换。电话：010 - 88191502）

（版权所有 侵权必究 举报电话：010 - 88191586

电子邮箱：dbts@esp. com. cn）

前　　言

本书是关于中国住房模式选择和政府对房地产市场干预政策的研究，分别讨论了住房模式选择、房地产市场宏观调控和住房保障政策等政府的房地产市场干预政策。

本书在第 2 章首先回顾了中国的住房政策的变迁，然后比较分析了德国、美国和中国香港的住房政策，提出中国内地并不适合发展香港特别行政区的"高地价、高房价、高福利"的住房模式，也不适合美国的"大市场小政府"的住房模式，应更多地学习德国住房市场发展的成功经验，选择"政府 + 市场"的住房模式，大力发展住房租赁市场，建立完善的住房保障体系，建立封闭、独立的住房金融体系，从而不仅解决居民的住房问题，同时保证房地产价格的长期稳定。

本书第 3 章首先对住房市场的特点进行了介绍，然后在DSGE 模型中引入异质性，刻画不同收入阶层人群的微观个体最优决策，分析了收入分配差距和房地产市场之间的相互作用机制，模拟了完全市场化模式下的房地产价格波动，验证了房地产市场本身的周期性。指出高度市场化的住房模式导致中国房地产市场投机盛行，不断推高房地产价格，从而使得中国的住房问题不再仅仅是住房的短缺问题，而更多的是居民的住房支付能力不足问题，从而证明了政府干预住房市场的必要性。并对政府针对预期管理的差别化政策进行了讨论，指出政府之前推的差别化贷款和税收政策没有有效地区分房地产市场的投机性和自住性需求，而限购政策尽管可能会限制少量的自住性需求，但是作为过渡性政策在住房政策完善前应长期存在。

本书第 4 章首先分析了中国城镇不同群体的住房状况，并回顾了住房保障政策的发展历程。然后在建立一个包括中央政府、地方政府和开发商的博弈模型的基础上，对博弈模型中涉及的各主体进行了详细的分析，讨论博弈各方在住房保障政策实施过程中的动态博弈过程，提出在住房保障性政策的实施过程中，政府应制定合理且长期的住房保障政策。分析了中央与地方政府关系冲突的制度性根源，并指出中央应加大资金支持力度，加强对地方政府的考核和监督，选择合理的政策目标并建立多层次的住房保障政策。

为研究房地产价格与宏观调控的关系，本书在第 5 章基于贝叶斯估计根据中国的数据建立了带有房地产部门的动态随机一般均衡模型，研究在众多宏观经济冲击对房地产价格和其他宏观经济变量的动态影响机制。本书通过对含多个结构冲击的 DSGE 模型的数量分析，本书定量地给出了不同冲击在不同时期对房地产价格波动的贡献。针对土地政策，本书对政府垄断土地一级市场制度进行了分析，并指出了土地市场宏观调控失灵的原因。针对货币政策，在建立的 DSGE 模型基础上比较了调控房地产市场的货币政策和信贷政策工具，提出当政府仅仅调控房地产价格而不影响宏观经济的稳定时，政府应优先选择提高信贷首付比例的信贷政策工具，在首付比例无法调节的情况下，再选择利率作为调控手段。最后对中国的货币政策是否应对房地产价格波动反应进行研究，提出在当前的货币政策下，如果对房地产价格波动进行温和反应可以有效降低经济波动造成的福利损失。

作者

2015 年 10 月

目　　录

第1章 导 论

1.1 研究背景及意义

我国的住房制度改革作为经济体制改革的一个主要部分，自改革开放政策实施以来已经进行了 30 多年，政府通过各种政策推动住房的商品化和私有化，包括提高公房租金、向职工出售公有住房和强制推行住房公积金制度。1998 年以前，中国仍然主要实行政府全面责任型的住房模式，住房资源配置方面效率低下，而且造成了住房问题紧张的局面。1998 年的住房货币化改革标志着中国的城市住房模式出现了根本性的转变，中央政府提出了建立和完善以经济适用房为主的多层次城镇住房供应体系，即最低收入家庭的住房问题通过廉租住房解决，大部分的中低收入家庭通过购买经济适用房解决住房问题，而高收入家庭通过市场购买或租赁商品房。即 20% 的城镇人口依靠政府的廉租房等住房保障政策解决住房问题，60% 的城镇人口靠经济适用房或两限房等政府间接资助的方式解决住房问题，而 20% 的高收入人群则完全通过市场的方式解决其住房需求。1998 年的住房货币化改革结束了存续了几十年的通过所在单位提供实物住房福利的住房分配制度，从而使得城镇居民不再需要通过所在单位分配从而获得住房，而是通过房地产市场购买或者租赁住房从而满足自己的住房需求。

1998 年实施货币化住房改革时，中国刚刚经历亚洲金融危机，中国的经济发展水平相对许多发达国家还相对落后，政府的财政支付能力有限，中国同时又是一个拥有十几亿人口的大国，城镇土地供应相对不足，房地产市场还不健全，无法满足居民日益增长的对住房的需求，不可能在短期内依靠政府自身的实力建立起完善的住房保障体系。因此，在住房改革的初期，主要通过将以前几十年间建设的大量公房出售给现有职员，同时鼓励有条件的企、事业单位和学校自住建房从而解决职工的住房问题。根据 2005 年 1% 人口调查数据，在城镇非农户籍人口中，32.3% 是通过购买原公有住房解决住房问题，只有 19.6% 是通过购买商品房来满足家庭的住房需求。在此期间大量的公房实际上起到了保障性住房的作用，但是随着可供出售的公房数量越来越少，同时政府又没有建立起完善的保障性住房体系，从而使得大量的住房需求都涌向新兴的房地产市场。中国的房地产市场在此期间得到了快速发展，房地产投资增速平均都超过固定资产投资增速，城市居民的人均住房面积从"房改"前仅为 18 平方米增长到约 30 平方米。回顾中国的住房制度改革，在实际的实施过程中，政府实际上是通过不断市场化的住房模式，更多地依靠市场来解决居民的住房问题。不断市场化下的住房模式在很大程度上改善了我国城市居民的居住条件，一定程度上解决了住房供应不足的问题。但是，同时也带来了许多的问题，如房地产投资过热、房价上涨过快、住房不平等、住房供应结构失衡等诸多问题。2008 年美国次贷危机引起的全球金融海啸，导致中国的房地产市场也随之调整，房地产价格的快速上涨趋势被抑制，企业对房地产的投资意愿持续下降。但是为应对金融危机，中央政府采取对房地产市场进行鼓励的救市政策，以及地方政府出于自身利益对房地产的托市行为，使得自 2009 年开始中国的房地产价格又开始快速攀升（见图 1-1）。因此，市场化住房模式使得中国的住房问题不再仅仅是住房的短缺问题，而更多的是居民的住房支付能力不足问题。

一方面，基本市场化下的住房模式会导致房地产市场的投资、投机盛行。在政府主要通过市场解决居民的住房问题的同时，政府的保障性住房建设相对不断增长的住房需求严重滞后。而作为 1998 年启动住房货币化改革时主要政策目标的经济适用房，也在实际操作中更偏向商品房的特性，从而逐渐脱离了最初的政策初衷。与此同时，中国的城市化进程也在加速，这些都使得房地产市场的需求快速增长，从而不断推高房地产价格。而房地产不仅具有商品属性，还具有投资品的属性，因此

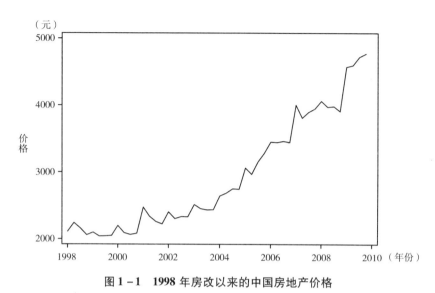

图1-1　1998年房改以来的中国房地产价格

资料来源：中经网数据库，由商品房销售总额除以商品房销售面积计算获得。

不断攀升的房地产价格会不断吸引投资和投机需求进入房地产市场，从而进一步放大房地产的波动。在房地产市场发展带动了房地产本身及上下游产业的快速发展，但同时也使得国民经济越来越依赖于房地产行业。不断攀升的房地产价格提高了家庭的购房成本，而且房产消费在家庭支出中所占比例很高，使得家庭在其他方面的消费减少。过高的房地产价格也使得很多家庭在购买房产时选择房地产抵押贷款的支持，从而使得其未来的消费能力也被透支。因此，房地产价格的波动在显著影响居民的福利水平的同时，还削弱了家庭未来的消费能力，使得中国经济越来越依赖房地产市场的发展。另外，由于房产是居民获得银行贷款的主要抵押品，其在经济中起到了"金融加速器"[①]的作用，因此房地产价格的大幅波动会增加整体经济的风险。不论是上涨还是下跌，房地产

---

① 贷款人的抵押资产价格会影响其从银行贷款的能力，贷款人从银行获得的信用额度取决于抵押资产的价格，反过来这些价格又会影响其信用额度，这种信用额度和资产价格之间的动态影响过程，使得信用约束和资产价格成为冲击产生效果、持续并放大同时传导到其他部门的传导机制，这种信用市场的摩擦或成本从而放大宏观经济的真实或名义波动的机制被称为"金融加速器机制"（Bernanke，Gertler and Gilchrist，1998）。

价格变动幅度过大，都会对整体宏观经济产生巨大的影响。

另一方面，在房价上涨的同时，居民住房支付能力持续下降，房价上涨超过收入增长的速度。而且伴随着经济的高增长，中国的居民收入水平大幅提高的同时，居民之间的收入差距也越来越大。根据国家统计局城市司的调查数据库显示，2004 年以来，收入增长尤其是中低收入阶层的收入增长慢于住房价格的上涨幅度。而且从不同收入阶层来考察，可以发现，我国高收入阶层的收入增长速度明显快于低收入阶层，虽然中高收入阶层住房支付能力持续增加，但低收入阶层的收入增长慢于房价增长，其住房支付能力逐步下降。在房价不断上涨的背景下，中国的房地产价格问题更多体现的是收入差距问题。住房不仅仅是一种商品而存在于市场，更是人类生存的基本需求。很少有其他东西像房屋一样与生活的各个方面息息相关，房屋不仅为居住者提供了一个栖息地，而且还是家庭生活的重要场所，还提供了一个远离工作和学习的个人私密空间（Schwartz，2008）。在现代社会中，住房不仅是市场中的一种商品，更是政府必须提供的一种公共产品，是通过转移支付的方式实现社会收入再分配，使得中低收入家庭也能够分享经济发展带来的好处。因此，在房价不断攀升和收入分配差距不断扩大的背景下，政府有必要建立完善地住房保障体系，从而保证社会公平和公正，维护社会稳定。

回顾中国的住房货币化改革，实际上是一个不断市场化的过程，政府更多地依赖市场的手段来解决居民的住房问题。很多的经济理论也认为市场可以很好地调节经济活动，"看不见的手"可以实现社会福利最大化。在基本市场化的住房模式下，房地产逐渐成为国民经济的支柱产业，而与此同时中国的收入分配差距也在不断的扩大，使得中国的住房问题已经从住房货币化改革前的住房供应不足转变为居民的住房支付能力不足。住房问题已经成为人们生活中讨论最多的热点问题，引发了社会各界对房地产行业的关注和讨论。市场不总是万能的，在住房存量严重不足的情况下，继续坚持市场化的方向并不能很好地解决中国的住房问题。因此，本书拟对中国的住房市场进行研究，对中国应该选择什么样的住房模式进行探讨，并对与住房市场相关的政策应该如何干预房地产市场进行深入的研究。

1.2　文献回顾

20 世纪 90 年代以来，日本和美国等国家都经历了房地产市场的泡沫形成、放大到最终破灭的多个周期，伴随着资产价格的破灭，实体经济也出现剧烈的波动。房地产市场之所以不同于其他商品市场，是因为房地产本身具有双重属性，既是消费品也是投资品。而在中国目前缺少投资渠道的情况下，房地产成为居民投资的重要手段，而中国的房地产价格也在近几年经历了剧烈的波动。关于市场的波动可以通过许多不同的方式来建模和解释。伊齐基尔（1938）提出了蛛网模型指出，在某些情况下市场可能会出现持续波动，例如，一个大的供给增加会导致一个较低的市场价格，从而降低供应量，这反过来又导致价格上涨。蛛网模型很好地解释了市场中出现的周期波动，但是在蛛网模型中个体的微观决策行为没有明确给出。迪帕斯奎尔和惠顿（1995）提出了房地产存量—流量模型，并对房地产价格以及房地产的存量变化等进行讨论，此模型在之后的房地产市场研究中被大量引用。况伟大（2004）通过构建一个房地产市场空间竞争模型，研究了开发商的位置及其密度如何影响房价和房地产增量，指出空间竞争而非房价收入比最终决定房价，另外，市场价格不一定为合理性价格，而空间垄断是房价刚性的主要原因。在房地产市场价格波动研究中，更多的学者关注期望和价格形成之间的相互作用。曼昆和威尔（1989）基于美国数据建立了一个房地产价格预期模型，研究了人口统计因素对房地产价格的影响。而埃德尔斯坦和保罗（2004）则从土地价格的视角研究了日本 20 世纪 90 年代泡沫经济指出低利率、缺乏弹性的房地产供给和鼓励房地产投资政策都造成了土地市场的价格预期上升，从而最终形成房地产泡沫。一些学者采用理性预期理论对房地产波动进行讨论，如 Boldrin 和伍德福德（1990）、埃德尔斯坦和保罗（2004）等。理性预期是指基于过去可获得的所有信息，经济中的个体对未来进行预期，其预期的形成方式与经济实际运行的方式一致，个体的决策不会犯系统性错误，尽管不是完全预测，但是理性预期平均起来是准确的。而购买房屋的决定对于大多数的消费者来说都几乎是人生最大的一笔支出，因此购房的非理性行为相对于其他商品出现的概率要大大降低，消费者在做出购买决定时一定会根据可获得的信息进行了认真的思考和分析，因此用理性预期可以很好地刻画购房者的行为。还有些学者认为，适应性预期可能更适合房地产市场，如况伟大（2010）等。适应性预期是根据可获得所有历史信息，对未来进行预测，经济个体采用过去预期与过去实际数据间的差异来调整其对未来的预期。另外一些学者从市场参与者的非理性行为入手对房地产价格波动进行研究。萨金特（1999）认为，市场上的从众行为程度越高，市场价格的波动越剧烈，从而投机价格泡沫中非理性泡沫成分越大，市场参与者根据每日的生活观测来得到自己的期望，不断更新的预期可以通过有限理性假设产生。扈文秀、席酉民（2001）对从众行为与投机性泡沫的关系研究也表明，投机市场在没有外界干扰而且内在价值按正态分布变化的情况下，只要存在从众行为，市场价格就会出现无规则的波动。还有一些学者用相对简单的方法通过有限理性个体得到了价格变化的周期性和高度不规则性（DeLong et al.，1990；Kirman，1993；Arthur et al.，1997）。尽管房地产市场的泡沫看起来与经济学的个体理性假设不一致，但是通过研究可以发现，泡沫的产生有时反映了理性投资者的一种自我实现的预期（Brock and Hommes，1997，1998；Sonnemans et al.，2004）。

　　房地产抵押贷款融资已经成为个人从银行获得贷款的主要途径，因此研究房地产市场就必须把房地产价格纳入货币政策传导机制中去。而近年来，关于货币政策传导机制研究中，信贷渠道也成为近年来学术界研究的热点。Kiyotaki 和摩尔（1997）提出，贷款人的抵押资产价格会影响其从银行贷款的能力，贷款人从银行获得的信用额度取决于抵押资产的价格，反过来这些价格又会影响其信用额度，这种信用额度和资产价格之间的动态影响过程，使得信用约束和资产价格成为冲击产生效果、持续并放大同时传导到其他部门的有力的传导机制。这种信用市场的摩擦或成本从而放大宏观经济的真实或名义波动的机制被称为"金融加速器机制"（Bernanke，Gertler and Gilchrist，1998），是信用市场影响货币传导机制的关键。梁云芳、高铁梅等（2006）以及王来福和郭峰（2007）分别通过实证研究，发现货币供应量与利率变化冲击对中国房地产价格有正向影响。张涛、龚六堂和卜永祥（2006）建立了一个两资产按揭贷款模型，史永东和陈日清（2008）建立了一个随机最优控制模型，都发现房地产价格和贷款规模以及贷款利率有较强的正相关关系。

由于房地产市场在宏观经济中的所占份额越来越大，越来越多的学者开始关注政府政策对在房地产市场的影响机制。安吉尔（2000）在全球框架下，运用100多个指标比较了发达国家和发展中国家房地产调控政策，通过分析证明了政府的干预很好地改善本国居民的住房条件。格林（1997）认为，政府对土地市场的干预会导致房地产供给成本的上升，从而抑制房地产市场的供给并抬高房地产价格。面对房地产资产价格的波动，货币政策如何作出反应，目前的国内外学术界还没有一致的看法。一部分的学者认为货币当局不应该对资产价格的波动作出反应。伯南克和格特勒（2000）指出，只有在资产价格中包含了未来通货膨胀预期的信息时，以控制通货膨胀为政策目标的货币当局才应该对资产价格进行反应。菲尔拉多（2000，2001）研究认为，当资产价格对于宏观经济的影响不确定时，货币当局不应该对资产价格的波动作出反应。伯南克和格特勒（2001）以及吉尔和莱希（2002）研究指出，货币当局对资产价格进行反应并不会降低通货膨胀和产出的波动。作为伯南克等人（1998）提出模型的延伸，亚科维耶洛（2005）在新凯恩斯模型框架下引入房地产，发现如果房地产抵押贷款极大地放大了总需求对房地产价格冲击的反应，但货币当局对房地产价格的反应的福利收益很小。另外，帕瑞思和诺塔皮耶图（2008）通过建立动态随机一般均衡框架下建立两国模型发现，货币当局对资产价格反应的货币政策是最优的。肯特和劳（1997）证明了当资产价格泡沫出现时，中央银行的货币政策应该做出反应，从而使得资产价格泡沫在过度膨胀从而导致经济衰退前得以破灭。波尔多和珍妮（2002）研究了资产价格下跌对整体宏观经济的影响，认为货币当局的事前积极反应的政策选择是正确的。而坝通尼卡斯和蒙塔诺里（2002）、菲诺基亚罗和海肯（2007）等人的研究发现，许多国家的货币政策已经对房地产价格波动作出了系统性反应。

　　国内的房地产市场从建立到现在仅仅几十年的时间，学术界对房地产市场的研究还远远落后于国外。但是，由于中国的房地产市场发展非常快，尤其是房地产价格一直保持快速上涨，使得国内学术界对政府的房地产的干预政策研究也越来越多。张岑遥（2005）分析了地方政府对城市房地产市场的介入，指出地方政府的介入对房地产价格有直接和间接的推动作用。平新乔和陈敏彦（2004）用面板数据分析了地价、银行信贷、投资额及房地产业垄断程度对房地产价格的影响，运用35个大城市的面板数据进行实证研究发现，政府支持的银行信贷无论是对房地产投资还是对房价上升，都具有正向推动作用。陈伯庚（2005）认为，中国的房地产市场调控应该控制投机性需求、打击投机性需求为主，同时鼓励自住性需求。董藩（2006）认为，转轨时期房地产市场的宏观调控是十分必要的，提出利用土地供应、税收、利率、个人住房贷款首付等作为调控手段。朱亚兵（2006）分析了回报率控制和最高限价控制两种不同的经济适用房价格干预方法，认为在信息不对称的情况下，政府采用不同的经济适用房价格干预方法会对开发商的行为产生不同影响。施建刚、黄晓峰（2007）以价格管制理论和博弈论为工具，对我国的经济适用房制度进行分析指出，经济适用房的开发模式还有待改善，需设计更为有效的激励机制并实行专家审议和听证制度。

1.3　拟采用的研究方法

　　本书将结合采用理论分析和经验分析、定性研究与定量研究、实证分析与规范分析的方法。主要采用两个工具：博弈论和动态随机一般均衡模型（Dynamic Stochastic General Equilibrium，DSGE）。

　　住房市场的变化总是表现为多方利益博弈的过程，其中包括中央政府、地方政府、房地产开发商和消费者。本书采用博弈论模型，分析了在保障性住房建设中的各方博弈，重点研究了中央和地方政府在保障性住房建设中的委托代理关系。

　　另外，在本书研究中主要采用了DSGE模型。随着数量技术的发展，

DSGE 模型已经成为当前宏观经济学主要的分析工具。DSGE 模型对现实的拟合能力不逊于其他的实证模型，是研究者分析宏观问题的首选。正因为 DSGE 模型所具有的这些无可比拟的优点，同时也是为了使我们的研究与世界前沿研究接轨，本书采用了 DSGE 模型作为主要的分析工具。基德兰德和普雷斯科特（1982）最先提出了 DSGE 模型，对宏观经济学在实证研究上作出了创新性的贡献。在此之前的宏观经济学研究，或者只注重经济行为的统计特征，或者只关注模型方程组，而没有考虑所构建的模型的一般均衡条件和决策者的前瞻性行为，这正是卢卡斯（1976）所批判的。基德兰德和普雷斯科特（1982）的原创性贡献使得 DSGE 模型不再是附加在统计特征上的"副产品"，而成为实证研究的核心。目前欧洲中央银行、国际货币基金组织、世界银行、OECD 等国际组织和许多国家的中央银行都在广泛使用 DSGE 模型。本书尝试 DSGE 模型中引入房地产消费和房地产生产部门，并把房地产作为代表性家户获得贷款的唯一途径，从而构建带有房地产生产和消费以及房地产抵押贷款的 DSGE 模型，为分析房地产市场提供一个可操作的分析框架。本书还在 DSGE 模型中引入异质性，从而考察收入分配差距对中国房地产价格的影响。

已有的基于 DSGE 模型对房地产市场的研究大多停留在参数校准的方法上。自基德兰德和普雷斯科特（1982）首先提出"校准"（Calibration）的方法以来，校准一直是 DSGE 模型参数选取的流行方法之一。在模型"校准"的过程中，一般采用来自微观计量的研究成果来选取模型参数的值。但是，这一方法因缺乏坚实的理论基础，校准得到的参数值在统计上无法检验，而且不能够充分利用观测数据的信息，因而受到了相当多的批评（Hansen and Heckman，1996）。随着计算机技术的发展，计算能力作为研究者所面临的一个约束已经得到了极大的放松，这也使得广义矩方法（Gneralized Method of Moments）、模拟矩方法（Simulated Method of Moments）、极大似然估计（Maximum Likelihood Estimation）以及贝叶斯估计（Bayesian Estimation）等方法的广泛使用。贝叶斯估计方法可以充分利用观测数据中所含的信息，从而弥补参数校准更大限度地利用已有数据信息。由斯梅特和伍特斯（2003）提出的利用贝叶斯估计参数的方法在近几年的 DSGE 模型得到了广泛的应用。

贝叶斯估计和传统的参数估计方法不同，可看作是介于校准和最大似然方法之间的一种方法：当参数的先验分布是退化分布（分布标准差为0）时，就等价于校准；当先验分布为"不明确"（Noninformative）时，等价于最大似然方法。贝叶斯估计假设模型中的参数是随机变量，在估计参数时一般先给定参数的先验分布，先验分布设定了参数的可能取值，这些可能来自模型稳态条件或者过去的经验，然后再根据实际数据修正这些先验参数从而计算参数的后验分布。因此，贝叶斯估计方法同时可以充分利用观测数据和现有研究成果中所含的信息，给出高质量的模型参数估计，从而提高模型的可靠性。本书采用贝叶斯估计建立的DSGE 模型，使得模型能够充分利用数据中的信息，从而更好地刻画中国的房地产市场和整体宏观经济。

本书为在收入分配差距下研究中国房地产价格波动，在 DSGE 模型中引入了异质性。传统的 DSGE 模型仍是基于代表性"经济人"假设，因此必须引入异质性才能研究和收入分配相关的问题。然而，即使将 DSGE 模型中的代表性个体转化为异质性个体，此时所构建的模型依然无法成为理解收入分配和房地产价格之间的关系。这主要是因为，在一个完全市场中即使引入异质性个体，加总之后的宏观经济变量仍与个体的异质性无关，而只与总体均值相关。因此，要想研究个体异质性的不同对总体宏观经济变量的影响，还必须引入不完全市场的假设。而在中国的现实经济中，资本市场由于缺少足够的金融产品还无法实现跨期社会资源的优化配置，而且不同收入群体面临着各种借贷约束以及市场准入门槛，无法通过有效的资产组合最大限度地分散风险，从而尽可能地实现消费平滑。因此本书在 DSGE 模型引入市场的不完全性和有限的异质性，从而深入考察和理解收入分配差距对中国房地产价格的影响机制。

1.4　研究思路与结构框架

本书是关于中国住房模式选择和政府对房地产市场干预政策的研究。本书的研究思路框架如图 1 – 1 所示，各章的基本内容如下：

第 1 章，导论。导论部分主要介绍本书的背景和意义、相关的文献综述、研究方法以及本书思路与结构框架。

第 2 章，中国住房政策与国际比较分析。首先介绍了中国住房政策的变迁，重点比较了德国、美国和中国香港等发达国家和地区的住房模式，提出中国并不适合发展中国香港的"高地价、高房价、高福利"的住房模式，也不适合美国的"大市场小政府"的住房模式，应学习德国住房市场发展的成功经验，选择"政府＋市场"的住房模式，大力发展住房租赁市场，建立完善的住房保障体系，建立封闭、独立的住房金融体系，从而不仅解决居民的住房问题，同时保证房地产价格的长期稳定。

第 3 章，收入分配差距下的市场化住房模式分析。本章在 DSGE 模型中引入异质性，刻画不同收入阶层人群的微观个体最优决策，分析了收入分配差距和房地产市场之间的相互作用机制，模拟了完全市场化模式下的房地产价格波动，从而验证了房地产市场本身的周期性。指出高度市场化的住房模式导致中国房地产市场投机盛行，不断推高房地产价格，从而使得中国的住房问题不再仅仅是住房的短缺问题，而更多的是居民的住房支付能力不足问题，从而证明了政府干预住房市场的必要性。并对政府针对预期管理的差别化政策进行了讨论，指出政府之前推出的差别化贷款和税收政策没有有效地区分房地产市场的投机性和自住性需求，而限购政策尽管可能会限制少量的自住性需求，但是作为过渡性政策应该在住房政策完善前应长期存在。

第 4 章，"政府＋市场"模式下住房保障政策分析。首先分析了中国城镇不同群体的住房状况，并回顾了住房保障政策的发展历程。然后在建立一个包括中央政府、地方政府和开发商的博弈模型的基础上，对博弈模型中涉及的各主体进行了详细的分析，讨论博弈各方在住房保障政策实施过程中的动态博弈过程，提出在住房保障性政策的实施过程中，政府应制定合理且长期的住房保障政策。同时分析了中央与地方政府关系冲突的制度性根源，并指出中央应加大资金支持力度，加强对地方政府的考核和监督，选择合理的政策目标并建立多层次的住房保障政策。

第 5 章，中国房地产价格波动与政府宏观调控分析。基于贝叶斯估计，根据中国 1998～2010 年数据，本书建立了带有房地产部门的动态随机一般均衡模型，研究在众多宏观经济冲击对房地产价格和其他宏观经济变量的动态影响机制。通过对含多个结构冲击的 DSGE 模型的数量分析，本书定量地给出了不同冲击在不同时期对房地产价格波动的贡献。针对土地政策，本书对政府垄断土地一级市场制度进行了分析，并指出了土地市场宏观调控失灵的原因。针对货币政策，在建立的 DSGE 模型基础上比较了调控房地产市场的货币政策和信贷政策工具，提出当政府仅仅调控房地产价格而不影响宏观经济的稳定时，政府应优先选择提高信贷首付比例的信贷政策工具，在首付比例无法调节的情况下，再选择利率作为调控手段。最后对中国的货币政策是否应对房地产价格波动反应进行研究，提出在当前的货币政策下，如果对房地产价格波动进行温和反应就可以有效降低经济波动造成的福利损失。

1.5　主要创新和贡献

（1）将 DSGE 模型应用于中国的房地产价格和宏观经济研究。

本书在 DSGE 模型中引入房地产部门，基于贝叶斯估计建立更贴近中国宏观经济的 DSGE 模型，为今后的中国房地产市场研究提供一个理论框架基础。在建立带有房地产市场的 DSGE 模型的基础上，定量地给出了不同冲击在不同时期对房地产价格波动的贡献。另外，在建立的 DSGE 模型基础上，对调控房地产市场的货币政策和信贷政策工具进行了比较分析，最后对中国的货币政策是否应对房地产价格波动反应进行研究。

（2）在标准的 DSGE 模型中引入异质性，证明了政府干预住房市场的必要性。

本书在 DSGE 模型中引入异质性，刻画不同收入阶层人群的微观个体最优决策，分析收入差距和房地产市场之间的相互作用机制。从而证明了在目前的收入分配差距背景下，政府干预住房市场的必要性。

（3）基于博弈论讨论了保障房建设中参与各方的动态博弈。

本书建立一个包括中央政府、地方政府和开发商的博弈模型，对博弈模型中涉及的各主体进行了详细的分析，讨论博弈各方在住房保障政策实施过程中的动态博弈过程，从而为政府的保障性住房建设提出建议和理论依据。

　　本书的研究思路框架如图 1 - 2 所示。

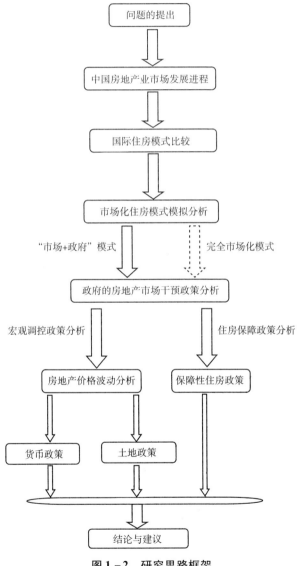

图 1 - 2　研究思路框架

第2章 中国住房政策与境外比较分析

2.1 中国住房政策发展进程

　　直到改革开放初期，真正的房地产市场在我国是不存在的，城镇住房由国家统一投资，统一征地、统一设计、统一建设、统一管理、统一分配，实行"国家统包住房投资建设，以实物形式向职工分配并近乎无偿使用的福利性住房制度"，即通过职工所在单位，按照工龄、职务、学历等打分排队进行分配，对于分配后的住房，只收取象征性的、近乎无偿使用的低租金，同时政府或者所在单位还负担住房的管理、维修和养护等全部责任。另外土地的配置也不通过市场而是由政府直接配置。国有土地使用权由政府行政划拨、无偿、无限期地提供给用地单位，同时土地是不允许流转的，因此也就没有土地市场的存在。在计划经济的体制下，住房建设投资进展缓慢，从而使得住房总体上处于短缺状态，居民的居住条件的改善进展缓慢。国家统计局的数据显示，1978年我国城镇人均住房建筑面积仅为 6.7 平方米。

　　党的十一届三中全会确立了改革开放的基本国策，我国进入了社会主义市场经济时期，经济稳步发展，人民生活水平稳步提高。随后，针对居民住房紧张等问题，我国开始推进城镇住房制度改革，逐渐建立起中国的房地产市场，房地产开始成为商品并形成价格在市场上流通，同时城镇土地使用权从无偿划拨转变为有偿、有限期使用。1980 年 6 月，国务院在《全国基本建设工作会议汇报提纲》中正式提出实行住房商品化政策，准许私人建房、买房、拥有自己的住宅，不仅新建住宅可以出售，现有住宅也可以出售。从此拉开了中国住房制度改革的序幕。经国务院批准，1982 年在常州、郑州、沙市、四平 4 个城市进行了新建公有住宅补贴出售试点，在总结这些经验的基础上，1984 年国务院在《关于扩大城市公有住宅补贴出售试点报告》中进一步同意北京、天津、上海市进行试点，实行公有住宅补贴出售试点，个人购买住宅，原则上个人支付售价的 1/3，如果买房者的收入情况好和所在单位的补贴能力差，对个人支付的比例可作适当调整。1987 年党的十三大报告首次提出了建立房地产市场，确立了房地产市场的地位和作用，促进了房地产市场的发展。1988 年国务院批准了住房制度改革领导小组提出的《关于在全国城镇分期分批推行住房制度改革的实施方案》，明确住房制度改革是经济体制改革的重要组成部分，并在三五年时间内在全国城镇分期分批把住房制度改革推开。提出我国城镇住房制度改革的目标是：按照社会主义有计划的商品经济的要求，实现住房商品化，推动住房的社会化、专业化、企业化经营；从改革公房低租金制度着手，将现在的实物分配逐步改变为货币分配，由住户通过商品交换，取得住房的所有权或使用权，使住房这个大商品进入消费品市场。另外，由于我国各地区之间情况差别很大，因此确定住房制度改革主要由各省、自治区、直辖市来负责推进，而中央则从宏观上统一政策，加强规划指导，在全国统一政策指导下，各地可从实际情况出发，因地制宜，选择适合自用情况的做法。

　　1991 年 6 月，国务院颁布了《关于继续积极稳妥地进行城镇住房制度改革的通知》，提出分步提租、出售公房、新房新政策、集资合作建房等多种房改思路。1992 年 11 月，国务院发出《关于发展房地产业若干问题的通知》，首次提出建立和培育完善中国的房地产市场体系：房地产一级市场即土地使用权的出让，房地产二级市场即土地使用权出让后的房地产开发经营，房地产三级市场即投入使用后的房地产交易，以及抵押、租赁等多种经营方式；并提出深化土地使用制度改革、继续深化城镇住房制度改革、加强土地使用权出让合同和划拨土地使用权的管理、完善房地产开发的投资管理、正确引导外商对房地产的投资，从而加快发展房地产业，使其成为国民经济发展的支柱产业之一。

另外，伴随着 1992 年邓小平"南方谈话"，中国南方掀起了房地产开发的高潮，其中炒作最为严重是海南省的海口和广西北海等地，形成较为严重的房地产泡沫。许多房地产开发商进入这些地区，并不是以消费需求为中心，而是寄希望于倒地皮、卖项目、炒作等投机方式获取暴利，而这些地区高涨的房地产价格又吸引更多的资金涌入，从而不断推高市场的投机气氛。面对愈演愈烈的房地产泡沫，1993 年 6 月，中共中央、国务院还下发《关于当前经济情况和加强宏观调控的意见》，采取 16 项加强和改善宏观调控的措施，海南和广西等地的房地产泡沫破裂，使海南省等地的房地产市场随后经历了一个漫长的低迷期。房地产过热对国民经济造成了一定影响，而国民经济也实现"硬着陆"，这是中国自改革开放以来经历的第一次房地产泡沫，也使我们认识到房地产行业的特殊性以及对房地产市场进行有效引导的必要性。

1993 年 11 月，中共十四届三中全会通过《关于建设社会主义市场经济体制若干问题的决定》，提出建立社会主义市场经济体制的目标，按照建立社会主义市场经济体制的要求，我国住房制度改革进入综合配套、全面推进的阶段。1994 年《国务院关于深化城镇住房制度改革的决定》中提出，建立与社会主义市场经济体制相适应的新的城镇住房制度，实现住房商品化和社会化；把住房实物福利分配的方式转变为按劳分配为主的货币工资分配方式；建立以中低收入家庭为对象、具有社会保障性质的经济适用房供应体系和以高收入家庭为对象的商品房供应体系；提出出售公有住房、加快经济适用住房开发建设等具体政策措施。

1998 年国务院发布《关于进一步深化城镇住房制度改革加快住房建设的通知》，正式停止住房实物分配，逐步实行住房分配货币化，并提出建立和完善以经济适用住房为主的多层次城镇住房供应体系，最低收入家庭租赁有政府或单位提供的廉租房，中低收入家庭购买经济适用房，其他收入高的家庭购买、租赁市场价商品房，同时发展住房金融，培育和规范住房交易市场。1999 年国家建设部发布了《关于进一步推进现有公有住房改革的通知》，进一步明确可出售公有住房和不宜出售公有住房的范围；向高收入家庭出售现住房执行市场价，向低收入家庭出售现住房执行成本价；对职工已按标准价购买的住房，鼓励职工在自愿的基础上按成本价补足房价款及利息，职工按成本价补足房价款及利息后，住房产权归职工个人所有。

2003 年《国务院关于促进房地产市场持续健康发展的通知》提出，坚持住房市场化的方向，不断完善房地产市场体系，更大限度地发挥市场在资源配置中的基础性作用；以需求为导向，调整供应结构，逐步实现多数家庭购买或承租普通商品房；深化改革，加快和完善适合中国国情的住房保障制度；根据当地情况，合理确定经济适用房和廉租房供应对象的具体收入线标准和范围，经济适用房严格控制在中小套型；加强宏观调控，努力实现房地产市场总量基本平衡，结构基本合理，价格基本稳定。

在国家房地产市场调控下，房地产投资增长和房价上涨过快的势头初步得到抑制，但少数城市房价仍然上涨过快，住房供应结构不合理矛盾突出，房地产市场秩序比较混乱，为更好地调控房地产市场，国务院于 2006 年 5 月颁布《关于调整住房供应结构稳定住房价格的意见》（被称为"国六条"），提出了促进房地产业健康发展的六项措施，包括供给结构、税收信贷、拆迁规模、房地产秩序、廉租房建设、信息披露制度等。规定自 2006 年 6 月 1 日起，新审批、新开工的商品住房建设，套型建筑面积 90 平方米以下住房（含经济适用住房）面积所占比重，必须达到开发建设总面积的 70% 以上，同时停止别墅类房地产开发项目土地供应，严格限制低密度、大套型住房土地供应；对购买住房不足 5 年转手交易的，销售时按其取得的售房收入全额征收营业税；个人购买普通住房超过 5 年（含 5 年）转手交易的，销售时免征营业税；个人购买非普通住房超过 5 年（含 5 年）转手交易的，销售时按其售房收入减去购买房屋的价款后的差额征收营业税；为抑制房地产开发企业利用银行贷款囤积土地和房源，对项目资本金比例达不到 35% 等贷款条件的房地产企业，商业银行不得发放贷款；为抑制房价过快上涨，个人住房按揭贷款首付款比例不得低于 30%；提出要稳步扩大廉租住房制度覆盖面，要求尚未建立廉租住房制度的城市必须在 2007 年之前建立廉租住房制度，同时确定并公布廉租住房建设规模，保证土地出让净收益的一定比例用于廉租住房建设；保证中低价位、中小套型普通商品住房土地供应，要优先保证中低价位、中小套型普通商品住房（含经济适用住房）和廉租住房的土地供应，其年度供应量不得低于居住用地供应总量的70%。

2007年8月，国务院颁布《国务院关于解决城市低收入家庭住房困难的若干问题》，对解决城市低收入家庭住房困难问题提出了明确要求，提出要加快建立健全以廉租住房制度为重点、多渠道解决城市低收入家庭住房困难的政策体系。2007年1月建设部等九部委联合颁布了《廉租住房保障办法》和《经济适用住房管理办法》，对廉租住房和经济适用住房的保障范围、保障方式、保障资金来源、保障住房的申请、审核和管理等方面的问题进行了明确的规定。实行货币化住房制度后，中国的房地产市场得到了快速发展，房地产投资增速超过固定资产投资增速平均以每年20%的速度增长，房地产逐渐成为国民经济的支柱产业。但是另一方面，中国房地产价格的波动也日益加剧，尤其进入2003年以来，房地产价格无论是涨幅度还是平均房价总体上一直呈现持续快速上涨趋势。

2007年年底，自美国的贝尔斯通倒闭从而引发的次贷危机，逐步演变成全球性的金融危机，美国次贷危机的全面爆发，中国的房地产市场才随之调整，房地产价格逐渐回落。2008年以来，中国的大部分地区房地产市场都出现了房价下跌、销售锐减的情况。2008年12月，为了促进房地产市场健康发展并提振整体国民经济，国务院颁布了《关于促进房地产市场健康发展的若干意见》，从加大保障性住房建设力度、进一步鼓励普通商品住房消费、支持房地产开发企业积极应对市场变化、强化地方人民政府稳定房地产市场的职责、加强房地产市场监测、积极营造良好的舆论氛围六个方面对房地产市场的发展提出若干意见。

但进入2009年之后，房地产价格又重新回到快速上涨的轨道。2009年12月，为了抑制房地产市场出现的过热现象，政府出台多项举措，首先取消了2008年为应对次贷危机推出的房地产优惠政策，把个人住房转让营业税征免时限由 2 年恢复到 5 年；同时还推出四项措施（被称为"国四条"）：一要增加普通商品住房的有效供给；二是继续支持居民自住和改善型住房消费从而抑制投资投机性购房；三要加强市场监管；四要继续大规模推进保障性安居工程建设。在 2009 年《社会蓝皮书》发布会上，中国社科院社会学所社会发展室李炜博士称，绝大部分居民已经实现了住有所居，房产已经成为城乡居民家庭最为基本的财产。调查显示有 95.8% 的城乡家庭都拥有自己的住房。

2010 年 1 月国务院出台《关于促进房地产市场平稳健康发展的通知》（被称为"国十一条"）要求加大差别化信贷政策执行力度，严格二套房贷款管理，对已利用贷款购买住房、又申请购买第二套（含）以上住房的家庭，贷款首付款比例不得低于 40%，合理引导住房消费，抑制投资投机性购房需求；同时继续实施差别化的住房税收政策，严格执行国家有关个人购买普通住房与非普通住房、首次购房与非首次购房的差别化税收政策。2010 年 4 月国务院又颁发了《国务院关于坚决遏制部分城市房价过快上涨的通知》，要求遏制房价过快上涨，实行更为严格的差别化住房信贷政策，对购买首套自住房且套型建筑面积在 90 平方米以上的家庭，贷款首付款比例不得低于 30%；对贷款购买第二套住房的家庭，贷款首付款比例不得低于 50%，贷款利率不得低于基准利率的 1.1 倍；对贷款购买第三套及以上住房的，贷款首付款比例和贷款利率要求各商业银行大幅度提高；限制各种名目的炒房和投机性购房，商品住房价格过高、上涨过快、供应紧张的地区，暂停发放购买第三套及以上住房贷款；对不能提供 1 年以上当地纳税证明或社会保险缴纳证明的非本地居民暂停发放购买住房贷款；首次提出房地产限购措施，地方人民政府可根据实际情况，采取临时性措施，在一定时期内限定购房套数。2011 年 1 月，北京、上海和南京等地相继推出限购令，对房地产市场实行限购，抑制房地产市场的投机气氛。国务院在 1 月份又推出了被称为"新国八条"的八条调控措施，其中包括调整个人住房转让营业税政策；另外要求尚未采取住房限购措施城市和房价过高、上涨过快的城市，尽快出台住房限购实施细则；提出 2011 年全年全国建设保障性住房和棚户区改造住房 1000 万套。

2.2 住房模式的境外比较

2.2.1 德国的住房模式

2.2.1.1 德国的住房政策回顾

根据德国联邦统计局的数据显示，2009年德国人均住房面积已达41平方米，比10年前增加10平方米。在过去10年内大多数欧洲国家的房地产上涨了两倍左右，而德国的房地产价格却保持几乎十年未涨。在德国，由于有发达的租赁市场和完善的配套措施保障，德国约一半以上的居民选择租房居住。作为发达国家中住房制度的典范，德国还十分重视住房保障体系的建设。德国《民法》中明确规定，居住权是公民权利的重要组成部分，保障公民的基本居住条件是国家、政府的基本职能，同时明确了德联邦与各州政府在住房建设与住房保障方面的职责；还确定了住房财税金融政策、房屋租赁双方的权利义务等。另外，德国还颁布了一系列法律从而对德国的住房政策进行完善，如《建筑法》、《住宅补贴法》、《终止住宅管制和保证社会租住权法》等。

第二次世界大战以后，由于受到战争的破坏，德国许多地方的房屋受到严重损毁，约80%的住房遭到不同程度的破坏，全国出现严重的住房短缺问题。德国联邦法律规定，政府有责任向经济收入低、少数民族、多子女的家庭提供公共住宅。1950年以为国内所有公民提供能够负担的住房为目标，联邦政府又颁布《住宅建设法》明确了各级政府在住宅建设中的责任和义务，同时在此基础上推出了"社会住房计划"，此计划主要包括以下内容：政府对纳入社会住房计划的项目提供投资补贴，在土地供应、贷款、税收等方面给予政策优惠，以鼓励社会住房的建设；把社会住房的租金控制在低收入家庭的负担能力之内，低租金给经营者带来的损失用政府贴息和税收优惠的方式弥补；对租用社会住宅的家庭收入进行调查，严格资格限制，以保证社会住房能真正向低收入者提供（季雪，2010）。第二次世界大战后的德国缺少建设大规模住房的资金，政府首先动用联邦、州、行政区政府的住房建设资金建造福利性公共住宅，但仅仅靠政府的力量无法解决住房短缺问题，政府为调动社会各方面的力量推出另一项举措，即房屋开发商或私人在自有资金达到建设公共福利住房投资的 15% 以上时，可以向政府申请免息或低息贷款，但公共福利住房建成后，必须出租给低收入家庭居住，而房租的标准则由政府确定。1951 ~ 1960 年，根据《住宅建设法》规定建造住宅 180 万套，1953 年修改为 200 万套，而实际建成住宅 310 万套，其中公共住宅为 180 万套。1960 年联邦政府颁布了《终止住宅管制和保证社会租住权法》，取消了租金管制，从而导致住宅的租金大幅上涨。为了保障低收入家庭能够负担起房租，1965 年德国联邦政府颁布了《住房补贴法》，规定，凡家庭收入不足以租住合理水平住房的，均有权享受政府提供的住房补贴，可以向政府提出申请，经审查合格后获得住房补贴。住房租金补贴的资金由联邦政府和州政府共同承担，近 1998 年联邦政府提供的住房补贴资金就达 70 亿马克（李建，2004）。截至 2005 年，德国先后建造近 1000 万套公共福利房，在保障低收入居民的住房需求方面发挥了举足轻重的作用。

民主德国和联邦德国统一后，政府一方面将原东德地区原有公房优惠出售给居民，另一方面鼓励房屋投资商在民主德国地区建房租售，缓解住房紧张的矛盾。民主德国的住房制度和中国改革开放前的住房制度类似，长期实行低租金的福利制度。德国统一后，以私有化为特征的住房制度，成为德国政府对东部地区住房政策改革的主要方向。民主德国地区的住房制度改革的核心是实现市场化的住房分配制度，首先将原公房出售优惠出售给原住户，也可在楼内 70% 住户同意的条件下，整幢向私人公司或住房合作社出售。购买公房的原住户可享受一次性购房补助 7000 马克以及每人 1000 马克的补助；后者，可享受政府鼓励住房私有化的税收优惠，即 8 年内先还贷，后纳税的规定。同时，若将购买房屋进行必要维修后出租，则租金收入的 50% 可免征所得税。另外，民主德国地区的住房制度改革还包括租金，在民主德国的住房制度采取实物分配、低租金的住房福利制度，住房的具体分配和管理由房管部门负责，住房租金长期维持在第二次世界大战前的水平上。民主德国地区的房租改革政策，首先是提高租金使其逐渐接近联邦德国地区水平。在提高租金的同时，政府在施行联邦德国的《住宅补贴法》的同时，制定了详细的房租补助办法，规定低收入家庭房租支出超过家庭收入 25% 的，可向社会福利局申请补助，补贴资金由联邦政府和州政府共同承担。

2.2.1.2 德国住房模式的主要内容

总体来说，德国的住房模式主要包括以下几方面：房租补贴政策、住房储蓄制度、房地产税收政策、住房合作社。

（1）住房储蓄制度。住房储蓄制度是德国住房政策的一大特色，为德国的住房问题的解决发挥了很大的作用。住房储蓄制度就是购房者和银行签订购房贷款和储蓄合同，储户按合同规定每月向银行存储一定数量的定期存款，当存款达到所需贷款额的一定比例时，就可以取得贷款权，而且贷款利率为低于市场的固定利率。一般存款利率为 1.5%、贷款利率为 4%。当贷款需求超过住房储蓄银行的支付能力时，按存款时间先后顺序和存款额度多少规定的顺序分配贷款。德国的住房储蓄制度是一种互助合作式的融资方式，它独立于德国资本市场之外，存贷款的利率不受资本市场供求关系、宏观经济增长速度以及通货膨胀等因素的影响，因此也将房地产市场的波动限制在了房地产市场和住房金融机构之内。住房储蓄银行的信贷审核非常严格，对申请人的信用记录、收入状况、交税额、财产状况、家庭支出等情况进行审查，而且贷款合同时间一般不会超过 15 年。另外，德国的住房储蓄银行属于国有银行，吸收了德国一半以上的居民存款，而且为了鼓励这种住房储蓄模式，政府还对首次参加住房储蓄的购房者，给予储蓄额的 10% 作为奖励。

（2）住房合作社。住房合作社是一种互助建房的非营利性组织，主要是为了解决加入合作社的社员的住房问题。目前德国拥有 2000 多家住房合作社，共拥有 300 多万个社员和 200 多万套住房。德国新建住房总数的约 30% 是由住房合作社建造的。加入住房合作社需要交纳一定的费用，性质类似存款，退出住房合作社后存款和利息都将返还社员，住房合作社本身并不是营利性机构，这笔费用主要是用于住房合作社的日常运营开支、房屋折旧以及住房再开发建造等。由于住房合作社的目的是解决社员的住房问题，而政府则给予住房合作社一定的政策扶持，因此充分体现了住房问题由国家、集体、个人三者共同负担的原则。德国政府向住房合作社发放无息建房贷款，额度为建房费用的60%以上，有时甚至可以达到90%，贷款期限一般为20年。对住房合作社建造并向社员出租的房屋，政府不仅实行免税政策，必要时政府还可补贴部分租金，使得房租降低到社员能够负担的水平。

（3）税收制度。为了鼓励私人建房，德国政府通过减税免税来对私人建房进行鼓励。德国的联邦所得税法规定，建房的支出可以在开始使用房屋的12年内折旧50%，后进一步改为开始使用房屋的8年内折旧40%，从而降低了建房家庭的纳税收入；申请建房贷款的金额也可从纳税收入中扣除；新建住房免征10年地产税，而且购买新建住房时免征地产转移税；给予中低收入家庭不同程度的购房补贴。另外，政府通过对房地产买卖征收土地购买税和资本利得税。凡国内登记过的土地被出售就要按规定缴纳土地购买税，税率为3.5%。对于买卖十年内的房地产，政府还对差价征收资本利得税，税率为25%。差异化的税收制度，不仅鼓励了私人建房的热情，还沉重地打击了房地产市场的投机气氛。房地产（包括土地、地面建筑物）征收的土地税方面，为了鼓励自住性需求，政府对自住式住房需求和其他住房需求采取差别政策，政府对居民自住的第一套住房不征地面建筑物部分税收。而自住房屋只需缴纳土地部分的土地税。

（4）房租补贴政策。德国政府规定，凡家庭收入不足租住合适住房的公民，都有权享受住房补贴，房租补贴制度是德国目前对低收入居民住房保障的主要方式。房租补贴资金由德国的联邦政府和州政府各负担50%。住宅补贴法规定，居民实际交纳租金与可以承受租金的差额，由政府负担；其中，居民实际交纳租金要与家庭住房需要相结合，可以承受的租金一般按照家庭收入的25%确定。2009年，德国人均月收入为2400~3000欧元，而每月收入在2200欧元以下的单身家庭，两个成年人带一个孩子且月收入在4100欧元以下的家庭，都可以申请租金上涨补贴，即上涨部分的90%由市政府承担。

（5）公共福利住房政策。公共福利住房政策是德国在第二次世界大战后房荒严重而国内既缺乏储蓄资金又缺乏资本市场的情况下，用以调动社会各方面力量加快住宅建设的住房制度。公共福利住房制度是由政府资助资助，个人、非营利住房公司或团体建造，最终由低收入者、多子女家庭、残疾人购买或承租的住房制度。承租公共福利房的家庭每年要向政府住房局进行家庭收入申报，凡收入超过规定标准的应退出福利住宅，否则将收取市场租金。为了更好地调动社会各方面力量，公共福利住房的建造主要有两种方式：一是由联邦或地方政府直接出资建造公共福利住房；二是私人、住房合作社或房地产开发商在自有资金达到项目投资的15%以上时，可以向政府申请免息或低息长期贷款，建造公共福利住房。公共福利住房建成后，必须以成本租金出租给低收入家庭居住，房租标准由政府核定，一般为市场平均租金的50%～60%。承租公共福利住房的家庭每年要向政府进行家庭收入申报，经审核家庭收入超过承租公共福利住房收入标准水平的，则按照市场租金交纳房租。

（6）房屋租赁制度。德国颁布的《租房法》，对房屋租赁合同的签订、期限、解除以及出租人和承租人权利义务等进行全面规定，其内容主要是强调对承租人权利的保护。由于这一系列的措施使得德国民众的购房意愿低于其他国家，超过半数家庭租房居住，48%的家庭拥有自有产权住房，52%的家庭租房居住。对低收入居民，其实际交纳租金与可以承受租金的差额，由政府负担；其中，居民实际交纳租金要与家庭住房需要相结合，可以承受的租金一般按照家庭收入的25%确定。由于有完善的保护承租人的制度安排，因此对于德国人而言，租房甚至比买房更划算，这样有效保证了市场的租房需求。房东只有且必须提出相应的理由才能提前9个月解除合同，并且仅仅规定了三种可以解除合同的理由：房屋拟将自用；房屋老化需重建且不适宜维修；租客累计两个月以上没有按期缴纳房租。如前所述，在早期的房屋租赁市场中德国政府对房租实行管制或指导租金制度，但目前德国的房租价格由租赁双方自行协定，因此房租的决定仍然是市场化的结果。但出于对租户的利益保护，法律对房租做了上限限制：如果房东所定的房租超出"合理租价"

的 20%，就构成了违法行为。房客可以向法庭起诉，且结果不仅是房租应立即降 20%，房东也将受到最高 10 万马克的罚款。如果房东所定的房租超出"合理房租"的 50%，就构成了犯罪，房东将受到更高额度的罚款，甚至被判三年徒刑。而且房东还不能随意涨价，三年内房租涨价如果超出 20%，也是违法行为。

2.2.1.3　德国住房模式评析

德国的住房模式秉承了其政府的施政理念，与德国的社会市场经济体制①相一致，实行全面负责型的住房模式。政府负担起解决所有居民住房需求的责任，把住房干预作为长期性任务，通过公共住房、住房补贴、租金管制、住房金融、税收资助等几个方面对全社会提供住房保障。德国与其他发达国家一样，对经济收入低和住房困难的家庭提供公共住房，实行政府托底的住房保障政策。但是这并不是德国的住房模式的主要部分，以科隆为例，科隆市的人口约 100 万左右，其中 10 万人享受住房福利补贴，而这 10 万人中仅 1/10 的人居住在社会公共住房中。德国住房模式的最大特点是社会组织，如住房协会和住房合作社等，参与合作建房和资助自建住房，使得除政府之外，更多的社会力量参与解决社会住房问题，而这样的住房模式也与德国源自魏玛时代的社会传统紧密相关。政策在鼓励租房并实施政府托底的同时，还鼓励公司和个人建房，从而确保住房市场的房源充足。但德国并不是主要通过政府直接供给住房，而是通过政府对私营机构提供帮助的模式解决住房问题。为了稳定房地产市场的价格，德国通过立法对住房租赁市场实行租金管制，将房租控制在中低收入家庭能够负担的水平之内，同时通过立法保护租房客的权益，在德国租房的安全感并不亚于卖方，从而使得德国的租赁房屋比率达到 60% 左右。另外，德国政府还通过税收优惠等办法，间接资助房屋出租者，对租金管制给其带来的损失进行弥补，从

---

① 第二次世界大战结束以来，联邦德国实行的是社会市场经济制度，也经常被称为"有社会义务的市场经济"、"有社会调控的市场经济"、"有计划的市场经济"，即在保证个人决策自由及私有财产的基本权利的同时，政府对市场运行要实行政府调控。

而建立起发达的房屋租赁市场。德国的住房租赁政策是德国房价稳定的"定海神针"，也是德国住房模式的一大特色。此外，德国特有的"合同储蓄"住房金融模式占德国房贷的50%左右，这种"先存后贷"的合同储蓄贷款模式独立于德国资本市场之外，存贷款的利率不受资本市场供求关系，为稳定房价提供了金融制度的保障。

2.2.2 美国的住房模式

2.2.2.1 美国住房政策发展

20世纪20年代之前，美国政府一直奉行自由放任政策，并不干预住房市场。但是1929年开始的"大萧条"，使得美国政府逐渐转变其住房政策，开始干预住房市场，一是为了通过住房市场的发展从而刺激经济，二是解决无家可归者和贫民窟所引发的众多社会问题。1949年美国通过的《住房法》的明确指出，让每一个家庭都能在适宜的居住环境里拥有一个舒适的住房。截至2006年，在美国大约1.06亿家庭中，约7100万的家庭拥有自己的住房，自住房比率达到67.7%，另外大约有30%左右的家庭通过市场租房（吴立范，2009）。美国的政府住房制度主要由两级政府来完成。根据1965年通过的《住房和城市发展部法》联邦政府成立的住房与城镇发展部，其职责主要是为美国国民建立一个合理的住房体系和合适的居住环境，通过其抵押贷款担保方案为中低收入家庭拥有住房提供担保，负责推行社区发展计划和为国民提供能够买得起的住房，由其制定合理的住房供给法规确保每个个人及家庭都能不受歧视地购买住房，实施抵押保险计划来帮助家庭成为私房业主，提供房租补贴来帮助那些无力购买住房的低收入家庭。1993年在住房与城镇发展部内部又成立了联邦住房企业监督办公室，其职责是通过确保房利美和房贷美的安全和稳健运营，来促进住房市场的发展以及健全国家住房融资体系。在市县一级，则由当地注册成立的联邦政府代理机构，地方公共住房办公室（Public Housing Authorties），负责当地的公共住房的开发、建造和管理，从而帮助低收入家庭解决住房问题。

美国的住房政策主要特点为鼓励住房私有化，为低收入者提供"买得起的住房"，通过金融创新等方式帮助居民拥有自己的住房。1940 年以前，美国居民的主要居住形式还是以租房为主，1940～1960 年，美国的自有房率从 44% 上升到 62%。美国联邦政府通过政府直接支出和税收间接支出资助房地产业。税收间接支出是指政府对于住房相关的支出和投资进行减税、免税或发放税收补贴，从而间接地对住房进行资助。而联邦政府的直接资助包括建造公共住房、为低收入人群提供租房券等。

2.2.2.2 美国住房模式的主要内容

（1）住房税收政策。联邦政府在征收个人所得税时允许个人在应纳税收入中减去当年用于偿还抵押贷款的利息支出，另外住户还可以从应纳税收入中减去当年其首要房产所需缴纳的房产税，而住户如果出售住房的话，增值部分可以免交联邦资本所得税，单身售房者最高免交 25 万美元的资本所得税，已婚夫妇最高可减免 50 万美元。另外，联邦政府对为低收入家庭开发建设廉租房的房地产开发商进行税收激励，此房产必须为低收入家庭居住至少 15 年，房地产开发商就可获得连续 10 年的税收补贴。

（2）公共住房政策。美国的公共住房政策是指政府为城市低收入住户建造和维护、收取低额租金并由政府管理的住房政策（Plano & Greenbery，1979）。美国的公共住房政策开始于 1937 年，是美国历史最悠久的为低收入人群解决住房问题的政府工程，公共住房不仅满足了国家对廉价出租房的需求，同时还帮助政府清除了许多贫民窟，而且还创造了就业岗位。

（3）租房券政策。联邦政府另一项对低收入者住房资助的项目是租房券。1974 年，联邦政府按照通过的《住房法》启动了第一个全国性的租房券项目。从租房券项目启动以来，越来越多的租房券持有者找到合适的住房并开始使用租房券。但是很多学者从租房券诞生之日就对其进行了严厉的批评。哈特曼（1975）指出，租房券只有在拥有足够的中等价位而且房屋质量适宜的住房市场才能获得成功，否则在相对均衡的住房市场加入租房券，短期内必然会导致房租上升，而房租的上涨不仅会影响租房券持有者，而且还会影响到其他正在寻找同类住房的中低收入家庭；另外，租房券项目忽视了住房市场存在的歧视现象，即错误地假定了只要拥有一定的支付能力租房者技能在其选中的社区租住到房屋。而卡杜里（2003）通过对美国住房市场数据的研究指出，租房券的使用并未使得租房市场面临价格上涨的压力，从而增加租房券持有者和其他中低收入家庭住房支出。

（4）公平住房政策。美国的住房政策不仅仅包括如公共住房、租房券、税收减免等住房补助项目，还包括公平住房政策。公平住房政策旨在消除住房市场普遍存在的各种歧视，保证低收入人群和少数种族人群在住房选择问题上拥有平等的机会。1968 年美国通过了《公平住房法》，禁止在销售和出租住房时根据种族、肤色、宗教或出生国进行种族歧视。1975 年通过的《抵押贷款公式法》和 1977 年通过的《社区投资法》则在抵押贷款方面保证了低收入人群和少数种族人群免受歧视。尽管这些旨在保证公平住房和公平贷款的法律在实施中缺乏一致性，且歧视问题在住房市场还仍然存在，但是并不能就此否定公平住房政策的意义。根据美国的配对公平住房调查显示，美国的住房出租和出售市场上的歧视行为发生率在明显下降，而且在抵押贷款市场上，对黑人和拉美裔的住房贷款已经超过了白人（Schwartz，2008）。

（5）住房金融政策。经过多年的发展，美国建立了较为完善的房地产金融市场，包括住宅抵押贷款以及和二级市场。1932 年美国颁布了《联邦住房贷款银行法》，主要目的是建立一套完整的住房贷款银行体系，从而帮助当时因"大萧条"陷入困境的贷款银行和业主。1938年，美国国会设立联邦国民住房抵押协会（Federal Home Loan Mortgage Association，房利美）。在《公共住宅法案》中，房利美的属性被明确定为联邦政府托管企业。1968 年，联邦政府将房利美分拆成两个部分，保留房利美成为完全私有的股份制企业，并获得了发行按揭支付证券（Mortgage-Backed Sequrity，MBS）的权利，同时成立另一个独立的政府机构——政府全国抵押协会（Ginnie Mae，吉利美）对联邦担保的贷款所支持的 MBS 提供担保。1970 年经美国国会通过《紧急住房金融法》，同意吉利美成立联邦住房抵押贷款公司（Freddie Mae，房地美），同时授权房利美和房地美可购买未经联邦机构保险的普通抵押贷款。此举是为了能够防止房利美在二级房贷市场的垄断地位，从而加强市场的竞争。随着金融衍生品的不断繁荣，以及政府的大力支持，房利美和房地美在美国住房金融市场的作用将不断增强。但 2008 年，随着次贷危机愈演愈烈，联邦政府政府颁布了《2008 年住房、经济恢复法案》，成立美国联邦住房金融管理局（Federal Housing Finance Agency，FHFA），从而确保房利美和房地美能够有效运作，同时提高了政府对房利美和房地美的担保限额。同年 9 月，美国联邦住房金融管理局正式宣布托管房利美和房地美。

2.2.2.3　美国住房模式的评析

美国崇尚自由放任的主流价值观，政府对市场的直接干预很少，美国的住房政策也受此影响，坚持住房的商品化，强调通过市场来调节房地产的供求关系。另外，美国政府在强调住房的商品属性时，还强调其社会性，美国联邦政府通过政府建造公共住房、税收减免以及住房金融政策等鼓励人们购房，通过公共住房、为低收入人群提供租房券等方式让低收入人群能够租住得起房屋，通过合作建房和政府出资建造公共住房等方式来解决低收入住房困难家庭的住房问题，从而建立了一套较为完善的住房保障体系。在第二次世界大战之前，美国人中大多数是租房居住，当时美国面临的住房问题主要是住房的质量问题；而目前美国的自有住房比例超过 60%，美国目前的住房问题更多的是住房的可支付性和住房市场的稳定。1975～1995 年的 20 年间，美国房地产价格的波动很小。但自克林顿上台后，政府提出要大力提高"住房自有率"，美国政府在解决住房问题上的方向更加偏向鼓励民众购买房屋，从而导致美国房价不断上涨。在房价不断攀升的背景下，银行不仅贷给没多少收入或个人信用记录较低的人提供贷款，甚至还推出零首付的抵押贷款。房利美和房地美等金融机构在政府监管不严的情况下，从银行购买房地产抵押贷款，并在次级抵押贷款市场发行抵押贷款支持债券，从而将住房市场的价格波动释放到整个宏观经济，从而引起影响全球的金融危机。面对次贷危机，大多数的指责都归结于金融衍生品的过度创新和政府监管的过度宽松。而美国在此期间实行的"市场化"特征明显的住房模式，才是造成美国次贷危机的更根本的因素，金融市场只是放大了市场化住房模式造成的影响。20 世纪 90 年代开始的提高"住房自有率"的政策转变，在短期内确实帮助美国摆脱了网络经济泡沫可能带来的经济衰退，但过度的市场化最终还是带来了房地产市场的崩溃，最终演变成一场全球性的金融危机。

2.2.3 中国香港的住房模式

2.2.3.1 中国香港住房政策发展历程

香港是世界是人口密度最高的城市之一，香港包括香港岛、九龙半岛和新界地区三个部分，总面积为 1104 平方公里，其中 80% 为丘陵地带不适于开发，但 80% 为丘陵地区无法居住，因此土地资源十分有限。英国殖民统治时期对香港采取放任型经济管理模式，主张自由贸易，货物的进口及出口皆为零关税，而英国殖民统治时期，英国政府对香港没有财政支出，土地成为香港政府的首要收入来源。香港政府仍然秉承香港作为自由港的理念，基本上不干预房地产市场。但 1953 年 12 月 24 日，香港的一场大火开启了香港的公共住房计划。为解决中、低收入家庭的住房问题，香港政府积极参与公共房屋的建设，为解决香港居民的住房问题发挥着重要作用。香港的住房政策主要是通过香港防务委员会负责制定和推行。香港政府根据《房屋条例》于 1973 年 4 月成立了香港房屋委员会（房委会），主要负责制定和推行香港的公共房屋计划，以满足无法负担市场房租的家庭和个人的住房需求，从而达到政府的政策目标。房委会于 1988 年从政府中独立出来，成为自负盈亏的财政机构。政府每年会免费批出土地给房委会兴建公屋，建设、管理费用则由房委会自己解决。房委会的收入主要来自公屋租金收入、公共房屋附属的商业楼宇租金收入等。除策划及兴建公共房屋外，房委会还负责管理公共房屋、中转房屋及临时收容中心。1997 年中国对香港恢复行使主权后，延续了香港的大部分现行政策，土地仍然是香港政府的主要收入来源。经历几十多年的发展，香港逐渐形成一套完善的住房制度，目前香港居民约30%的人口居住在香港政府提供的公屋，公屋单位的数目也占全港房屋单位总数约三成。香港政府不仅仅从社会住房公平的角度为中低收入家庭提供公共住房，同时还通过土地财政使得政府保持财政平衡，没有因为公共住房政策而使政府背负巨额财政赤字。

2.2.3.2　中国香港住房模式的主要内容

香港的住房政策主要包括：出租公共房屋、"居者有其屋"计划、租者置其屋计划等。

（1）廉价出租公共房屋。出租公共房屋是为真正有住屋需要，但又没有能力负担市场房租的低收入家庭解决住房问题的政策。目前全香港约有30%的人口居住在租住公共房屋。

（2）居者有其屋计划。1978年房委会推出"居者有其屋"居屋计划，以远低于市场价格的折让价售与租住公共房屋的住户、房委会管理的临时房屋区和平房区的居民。"居者有其屋计划"，旨在以供应公有住宅的方式，解决中低收入居民的住房问题，在此计划内兴建的房屋即称为"居屋"，鼓励能够购买公屋的家庭购买居屋并迁出租住房屋，以给予更需要的低收入家庭。另外政府还提供特别按揭贷款，贷款额度为房价的90%以上，还款期20年。但房委会于2003年停止兴建和出售居者有其屋（居屋）计划单位；一些已落成但尚未售出的剩余居屋单位，由2007年起有秩序地分批推出发售。

（3）租者置其屋计划。租者置其屋计划，简称租置计划，是香港房屋委员会于1998年为满足公屋居民置业需求而推出，让租户以合理价钱购买现时居住的单位。

（4）夹心阶层住屋计划。夹心阶层住屋计划是20世纪90年代初期香港政府推出的，旨在让收入不足以购买商品住宅，又没有资格申请居屋及公共房屋的中等收入家庭（即夹心阶层）可以购买住房的项目，但政府出售的住房须受到5年的转售限制。此计划内兴建的住房称为夹心阶层住房，简称夹屋，市场定位及售价均较居屋为高。首个项目于

1995 年建成，但由于香港房地产市场的剧烈波动，此计划在 2000 年被迫停止，而尚未建成的三个夹屋项目最终改为商品房以市场价格出售。

（5）长者安居乐计划。长者安居乐计划是香港政府根据香港社会未来老年人口逐渐增加的现状推出的，旨在让中产长者购入此计划内制定的住房的"租住权"，计划容许长者按自己的财务状况，选购不同区域及面积单位的"租住权"，计划内的住房配套了医疗、护理和康乐设施等，非常适合老年人颐养天年。

2.2.3.3 香港住房模式的评析

香港的住房模式是在政府对低收入家庭的住房提供保障的制度下，政府并不干预住房市场。香港政府一贯坚持打造"自由港"的治港原则，保证香港是一个自由竞争的社会，坚持不干预市场。香港的住房政策也秉承了其一贯的施政原则，香港政府不会干预房地产市场，但为解决居民尤其是中低收入阶层的住房问题，香港政府积极参与公共住房的发展，约 1/3 的香港居民租住在公共住房内。香港的住房保障政策已被世界公认为有效保障居民住房的典范。从香港的成功经验可以看出，政府作为构建住房保障体系的主体责无旁贷，香港政府还成立了房委会专门负责解决中低收入家庭的住房问题。同时香港还制定并完善了与住房市场相关的法律，如《房屋条例》、《建筑条例》和《业主与租客条例》等，以保证香港的住房市场的长期稳定发展。从香港的住房政策的发展历程看，合理的住房模式应当随着当地的经济发展水平、政府的财政支出能力、住房市场发展阶段以及居民的住房需求等的变化而不断发展和完善。

2.3 住房模式的国际比较及启示

通过对德国、美国和中国香港的住房模式进行比较，本书针对中国住房模式选择提出以下几个启示：

（1）住房模式中政府和市场的关系。美国的住房模式可以概括为

"大市场小政府"的住房体系，大政府是指住房市场提供占全部家庭住房的95%以上，而小政府是指政府只限于帮助那些无能力支付私人房租的低收入家庭和老年人解决住房问题，政府资助的公共住房和廉租房仅占全部家庭的2%（吴立范，2009）。这样的高度市场化住房体系，为美国带来高度发达的房地产市场和吸纳供应的金融产品的同时，也使得房地产市场的波动不仅越来越大，而且还引发了全球性的次贷危机。香港则是市场与政府并举，居住在公共房屋和政府补助出售的房屋内的人口超过香港总人口的一半（郭建波，2007）。而德国采取的是从廉租房、住房补贴、租金管制、住房补贴、住房金融各个方面对房地产市场进行政府干预的住房模式。在德国，86%的居民享有不同额度的购房补贴和租金补贴（王屹，2010），因此德国的房地产市场保持稳定不是偶然的，房地产价格几乎十年未涨。香港地区经济发达，土地资源严重短缺，人均收入虽然较高，但收入差距较大，因而选择了以市场配置住房资源为主、政府提供基本的住房保障的住房模式。美国经济高度发达，人均收入高，收入差距相对较小，社会保障制度完善，土地资源丰富，住房供给存量大，而且次贷危机也证明了美国的"大市场小政府"的住房模式过于依赖市场，而使得房地产市场的波动不仅过大而且会影响整体宏观经济的稳定。而中国的房地产市场实践也证明，这样的模式并不适合中国。尽管中国的平均居民收入水平不断提高，但不同人群收入增长的速度并不相同，使得不同经济群体的收入差距也在拉大，最高收入家庭（20%）和最低收入家庭（20%）的人均可支配收入之比从1990年的3.2倍上升到2008年的9.2倍，低收入人群的收入增长速度低于房地产价格的上涨速度。因此，高涨的房价不仅需要政府进行调控，而且低收入群体的住房保障也需要政府来解决。

（2）政府对房地产业的依赖程度。香港之所以是最自由的经济体，是因为各种税都很低，像个人所得税，最高也就征15%，香港政府缺乏其他财政来源，只能依赖土地财政，香港的卖地收入占香港财政收入的40%以上。香港通过"土地财政"解决低收入家庭的住房问题，中等及以上的家庭通过市场解决住房问题，而这样的方式最终会导致香港的高地价、高房价、高福利的"三高"房地产市场。而在中国，2001

年的土地出让收入占地方财政收入的比重只有 16.6%，但是到了 2009 年此比例已上升为 48.8%（黄小虎，2010），中国的地方政府严重依赖土地出让金等相关收入，在这样的制度安排下地方政府也就拥有了想方设法助推房价的原始动机。

（3）住房金融制度。对于大多数的家庭来说，购买房地产无疑是家庭生活中最大的一笔支出。由于房屋的总价一般都比较高，因此政府的金融支持对于帮助家庭解决住房问题并实现"居者有其屋"的目标起着非常重要的作用。美国的住房金融体系的建立和发展离不开美国政府的作用，全美最大的两家住房抵押贷款融资机构房利美（Fannie Mae）和房地美（Freddie Mac）都是由美国政府发起、监督并管理的公司。自 20 世纪 90 年代，伴随着住房抵押市场的发展，美国的房地产业开始繁荣，并开始对整体宏观经济显示出巨大的影响力。而相比美国的住房金融体系，德国的金融更加封闭，只有之前进行过住房储蓄的人才能获得房地产贷款，而且住房储蓄银行获得的住房储蓄只能用于住房融资。这样的制度安排在刺激房地产市场发展方面远远不及美国的住房金融政策，但是却保证了住房贷款市场的稳定，也有效规避了金融风险。

（4）政府对房地产租赁市场的支持力度。从美国和中国香港政府的主要住房政策可以看出，仍然是以实现"居者有其屋"的目标。香港也颁布了《业主与租客条例》等法规以规范住房租赁的发展，但除利用"土地财政"为无法负担市场房租的家庭和个人提供公共住房外，而对于中等及以上收入家庭则鼓励其购买自住房。美国的住房政策有些是鼓励购买住房，有些则是鼓励租房，有些提倡如合作式和共有住房等的住房形式，但是进入 20 世纪 90 年代后，美国政府把提高自住率作为其住房政策的主要目标。在抵押贷款市场发展以及长期低利率政策的推动下，美国的贷款机构甚至推出"零首付"贷款，帮助成千上万的低收入家庭实现了自己的美国梦。而德国政府有完善的保护承租人的制度安排，坚持租金管制，通过法律保护承租人的利益，对租房市场的日常交易有着严格的监督，还对房屋出租者由于租金管制带来的损失通过贴息货税收优惠等政策进行补贴。一系列的制度安排使得德国的房地产租赁市场十分发达，德国民众的购房意愿低于其他国家，超过半数家庭租房居住。

（5）住房问题是一个长期性问题，住房模式需要不断完善。从各个国家和地区的住房政策发展来看，都经历了上百年的发展。没有一个简单、有效的模式可以解决全部居民的住房问题。美国从20世纪初开始干预住房市场，直至20世纪后半期，美国全国的居住条件才基本得到改善。德国在第二次世界大战后，在面临大量的住房需求和政府的财政支付能力有限的情况下，调动社会各方面力量建设公共住房，同时出台税收减免等措施鼓励个人建房。但与此同时德国还面临战后的生育高峰，使得住房需求居高不下，直至德国统一前才得到缓解。中国香港在不同的时期，针对不同的目标群体设计的如居者有其屋计划、夹心阶层住屋计划和长者安居乐计划等不同的住房解决方案，很好地和当地的实际需求相结合，从而满足各类人群的住房需求。因此，合理的住房模式应当随着本国（地区）的经济发展水平、政府的财政支出能力、住房市场发展阶段以及居民的住房需求等的变化而不断发展和完善。

回顾我国的货币化住房改革可以发现，中国的住房改革是一个不断市场化的过程。在"房改"初期通过市场化确实带来了房地产市场的快速发展并解决了部分居民的住房问题，但同时不难发现，中国大部分城镇居民的住房状况改善不是通过市场机制，而是政府这只"看得见的手"。城市居民或是以极低的价格购得原单位的公有住房，或是靠国家和单位的补贴获得住房，还有些人买的是由所在单位大量补贴的自建房。也有部分居民是在"房改"初期房价还处于较低水平时购买的房屋。因此，在没有政府补贴的情况，如果按现在的高房价计算大多数已有房者是很难解决住房问题的。因此，如果继续把住房需求推向市场，不但不能解决居民的住房问题，还会带来高房价和高地价等一系列问题。因此，市场机制在住房资源配置中发挥了越来越多的作用的同时，我国的住房制度改革还必须充分考虑房地产市场本身的周期波动性，并结合中国的实际情况，选择"政府 + 市场"的住房模式，采取各种措施对房地产市场进行必要的宏观调控，并完善住房保障体系建设。通过国际比较可以看出，德国政府并没有把房地产作为经济的支柱产业，不仅有着完善的住房保障体系，而且还拥有发达的房地产租赁市场，住房保障体系覆盖范围不仅包括低收入家庭，还通过租金管制和住房金融政策惠及中等收入家庭，不仅基本解决了居民的住房问题，还保持了长达十年的房地产价格稳定。基于中国还处在城市化的进程中以及目前的高房价，寄希望于通过进一步市场化解决中国目前的住房问题是不现实的，中国应该学习和借鉴德国的住房政策，从而不仅解决居民的住房问题，同时保持房地产市场的稳定。

第3章 收入分配差距下的市场化住房模式分析

实行住房消费货币化改革后，房地产领域逐步建立完善的市场机制，政府从以前的福利分配的直接配置住房资源方式，逐渐转向通过市场机制配置住房资源，房地产市场也逐渐活跃起来。在住房改革初始，政府推出经济适用房，试图把中低收入家庭的住房问题仍然纳入政府解决的范围内，而高收入家庭的住房问题则交由市场解决。但是经过十多年的发展，随着住房市场化的不断深入，政府的住房政策也逐渐转向多数家庭购买或承租普通商品房，政府更多地运用"无形的手"解决中国的住房问题。但伴随而来的是中国房地产市场的价格不仅涨幅居高不下，而且波动也越来越大。从世界范围内看，近二十多年里世界主要经济体也经历了房地产市场的泡沫形成、放大到最终破灭的多个周期，伴随着资产价格的破灭，实体经济也出现剧烈的波动，导致了经济的不稳定性，因此也引发了学术界对于房地产价格波动的思考和研究。

住房消费本质上是一种商品性消费，同时又有一定范围的社会保障性，具有准公共品性。不能把住房市场作为一般的商品市场，必须同时考虑到住房市场存在的供给缺乏弹性、投机性与自住性需求并存等特征。由于住房本身的总价很高，因此消费者在购买或者租赁时都需要大量资金。伴随中国经济的高速增长，我国居民间的收入差距也呈现不断扩大的趋势，如果按照市场价格来购买或租赁，社会中的很多中低收入家庭是无法负担的。因此，政府有必要对作为人类生活的基本需求的住房提供社会保障，采取低息贷款、房租补贴、廉租屋等措施，帮助中低收入者解决住房困难，实现"居者有其屋"或"住有所居"的政策目标。本章首先在 DSGE 模型中引入异质性，刻画了不同收入阶层人群的微观个体最优决策，分析收入差距和房地产市场之间的相互作用机制，并模拟了市场化模式下中国房地产价格波动，从而证明了政府对住房市场进行干预的必要性。然后在建立一个包括中央政府、地方政府和开发商的博弈模型的基础上，对博弈模型中涉及的各主体进行了详细的分析，讨论博弈各方在住房保障政策实施过程中的动态博弈过程，从而为政府的保障性住房建设了理论依据和政策建议。

3.1 住房市场的特点

住房市场的主要商品为房地产，顾名思义是房产和地产的总称。房地产是人们拥有资产的主要形式，因此房地产对于家庭乃至整体宏观经济都具有十分重要的意义。房地产本身是一种商品，但同时具有和一般消费品不同的属性。而与其他商品相比，房地产具有以下几个特点：

（1）耐久性。1990 年颁布的《中华人民共和国城镇国有土地使用权出让和转让暂行条例》规定："土地使用权出让的最高年限居住用地为 70 年，工业用地 50 年，教育、科技、文化、卫生、体育用地 50 年，商业、旅游、娱乐用地 40 年；综合或者其他用地 50 年；期满后土地使用权及其地上建筑物和其他附着物所有权由国家无偿取得。"而土地之上的建筑物可以存续几十年甚至上百年，因此，住房市场与一般的耐久消费品市场相比，其商品更具有耐久性。

（2）消费品和投资品的双重属性。一方面，房地产是人们可以用来居住、学习、工作的地方，能够为人们提供一个温馨的港湾，因此房地产作为商品为消费者提供了住房服务，是居民生活的必需品。另一方面，房地产本身又是一种资产。而房地产的耐久性，也使得投资房地产容易获得长期信贷，在我国房地产已经成为居民贷款的主要抵押品。而且房地产本身可以通过出租获得收益，使得房地产作为资产有稳定的投资回报。因此，房地产在作为居民生活必需品的同时，还具有投资品的属性。

（3）市场自身调节缓慢。住房市场的自身调整过程是十分缓慢的。

一方面，房地产是土地和房产的组合，土地的稀缺性以及房地产开发周期长等特点，使得房地产的供给缺乏弹性。与其他的耐久消费品相比，房地产的供给更为缓慢，从设计规划到最终完工，房地产开发一般需要几年时间才能完成。对房地产这样的耐久消费品的供给受限于技术和资金，但是一旦资金和技术实现突破，很短的时间内市场就会从供方市场转变为买方市场。随着国内经济的快速发展，通过直接引进国外技术，中国耐用消费品行业生产技术不断提升，经过十几年的发展，目前中国的白色家电行业已经出现产能过剩的局面。而房地产开发则受限于资金和土地，一般来说，土地的供给数量是相对固定的，它不会受到社会、经济、人文等因素的影响，不会因为社会的发展和技术的进步而增加，而针对我国的实际情况，为了保证农业生产的基本用地制定了"18 亿亩耕地红线"的土地供给约束政策，它进一步加剧了土地资源供给的紧张。土地作为房地产的主要生产要素之一，土地供给约束也使得房地产的供给缺乏弹性。从全球的房地产市场来看，仅 2% 为新增房地产，98% 为现有住房存量。另一方面，由于房地产消费涉及的金额巨大，常常需要借助银行、亲友等其他社会力量的支持才能完成购买活动，因此房地产需求的调整相对于其他市场调整也是比较缓慢的。另外，住房市场的交易费用远远高于其他类型的交易，这些都使得住房市场的调整相对滞后，而这些滞后使得住房市场不可能总是处于均衡路径上，即使达到短期的动态均衡，也可能在一段时间内始终偏离均衡路径。

（4）信息不对称。近几年我国住房市场比较活跃，而且对整体国民经济的影响越来越大，高房价的背后是一些开发商为了获取更大的利润，采取捂盘惜售等营销手段从而制造市场供不应求的假象。而政府作为市场监管的主体，对于项目的实际进展情况很难准确地把握。发生在交易发生之前的信息不对称会导致逆向选择问题，即拥有更多信息的个体采取对自己有利的行为。而发生在交易发生之后的信息不对称则可能会带来道德风险，即拥有更多信息的个体在交易后采取对自己有利的行为。房地产由于其所涉及的材料和尺寸等问题并不是普通消费者能够很轻易地检测出来的，因此房地产开发商相比消费者就拥有了关于其开发的房地产更多的信息。而拥有更多信息的开发商很可能会利用其拥有的信息优势采取对消费者不利但却对自己有利的行为。

（5）不可移动性。房地产从空间角度来看是不可移动的（即使有些建筑物可以移动，但是土地却是完全不能移动的）。由于房地产的不可移动性，因此房地产业被称为不动产，这一特性决定了房地产市场是空间市场（Spatial Market），且房地产市场是空间竞争或空间垄断的（况伟大，2010）。由于房地产的不可移动性，拥有城市的住房不仅仅是拥有了住房服务，同时由于房屋所属区域还决定了其他公共服务的可获取性和便利性，如医疗、教育等。这也是使得中国目前正经历快速城市化过程，但仍有大量人口居住在城市以外的地方，使得人们对拥有一套中心城市的住房具有很高的偏好。

3.2 收入分配差距下的异质性 DSGE 模型

3.2.1 引言

中国实行改革开放政策以来，伴随经济的持续高速增长，居民的可支配收入和财产数量也出现了前所未有的快速增长，全国的收入差距呈现出一种不断上升的趋势，居民收入分配问题也成为当今中国社会关注的焦点。中国的收入分配问题主要表现在两个方面：一方面，劳动报酬所占国民收入比重逐年下降，劳动者工资增长低于企业利润增长。在市场经济中，经济中的个体按各自拥有的各种生产要素比例获得报酬。但在竞争性经济中，最初的要素生产要素之间的收入分配在很多时候并不总是反映效率因素，如中国目前的初次分配中，劳动报酬与资本报酬的分配失调，劳动要素占国民收入初次分配的比重下降，工资增长赶不上企业利润增长是一个普遍现象，社会财富明显向资本倾斜。20 世纪 90 年代以前，劳动者报酬占比①为 50% 以上，但自 1995 年后这个比例不

①　劳动者报酬占比即劳动者报酬在 GDP 中所占的比重。在国民收入的初次分配阶段，GDP 分为劳动者报酬、营业盈余、固定资产折旧、间接税四项，其中营业盈余和固定资产折旧合称为资本收入。

断下降。另一方面，中国的收入分配问题表现在全民之间的收入差距也在逐渐增大。尽管我国居民的收入呈现出多元化的趋势，但是劳动报酬仍然是居民可支配收入的主要来源，劳动报酬一直是居民收入的主要来源①。随着中国经济的不断发展，中国的平均工资水平不断提高，但不同人群工资增长的速度并不相同，使得不同经济群体的收入差距也在拉大。最高收入家庭（20%）和最低收入家庭（20%）的人均可支配收入之比从 1990 年的 3.2 倍上升到 2008 年的 9.2 倍（张东生，2009）。在不同收入人群收入差异变大的同时，最低收入家庭的人均可支配收入也逐年增长，1990~2008 年增长了 6.2 倍。在居民可支配收入的快速增长和收入分配差距不断扩大的同时，中国的房地产市场也得到了前所未有的快速发展，房地产已经成为家庭资产的主要组成部分。自 1998 年中国实行住房制度改革后，中国的房地产市场蓬勃发展，房地产价格总体上一直保持快速上涨趋势。截至 2009 年年底，中国城市人均住宅建筑面积约 30 平方米。当研究收入分配差距相关的问题时，文献一般关注两个方面的内容：一是中国目前收入分配差距的原因；二是现有的收入分配差距对宏观经济的影响。基于中国目前的现状，作为房地产对中国居民收入的贡献实际上还十分有限。根据国家发改委就业和收入分配司的统计，2008 年财产性收入仅占中国城镇居民可支配收入的 2.3%，而居民财产性收入的 95.8% 又来自银行存款的储蓄利息收入，因此房产对中国收入分配差距扩大的贡献还很小，并不是中国收入分配差距扩大的重要因素。另外，收入分配的不平等则有可能带来财产分布的不平等，如图 3-1 所示，收入越高拥有房产的比例越高，不同收入群体拥有房产的比例相差很大。但针对现有的收入分配差距对中国房地产价格的影响的研究还相当有限，这主要由于缺乏切合中国现实且深入其微观基础的理论模型对此问题进行深入的探讨。尽管主流的宏观经济模型大多依赖代表性个体假设，但即使有代表性的个体模型能很好地描述总体经济的能力，但显然不能解释任何分布问题，因此也无法讨论和收入分配即财富分配相关的任何问题。

---

① 1992~2007 年，劳动者报酬在居民可支配收入中所占比例一直稳定在 80% 左右。

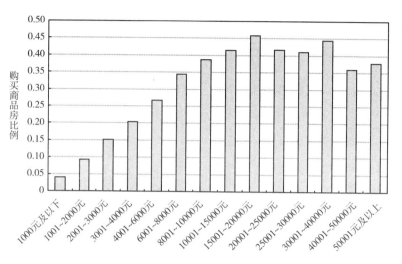

图 3 - 1　2008 年不同收入家庭购买商品房的比例

资料来源：国家统计局人口司数据库。

传统 DSGE 模型仍是基于代表性"经济人"假设，因此必须引入异质性才能研究与收入分配相关的问题。正是基于这点考虑，越来越多的学者开始构建能够考察收入分配差距的异质性理论模型，如艾亚格里（1994）、克鲁赛尔和史密斯（1998）、哈恩和森丹尔（2008）。然而，即使将 DSGE 模型中的代表性个体转化为异质性个体，此时所构建的模型依然无法成为理解收入分配和房地产价格之间的关系。这主要是因为，在一个完全市场中即使引入异质性个体，加总之后的宏观经济变量仍与个体的异质性无关，而只与总体均值相关。因此，要想研究个体异质性的不同对总体宏观经济变量的影响，还必须引入不完全市场的假设。而在中国的现实经济中，资本市场由于缺少足够的金融产品还无法实现跨期社会资源的优化配置，而且不同收入群体面临着各种借贷约束以及市场准入门槛，无法通过有效的配置资产组合，最大限度地分散风险，从而尽可能地实现消费平滑。因此，为了更贴合中国的现实经济，本书拟在 DSGE 模型引入市场的不完全性和有限的异质性，针对中国的实际数据对参数进行校准，运用基于 MATLAB 的 Dynare① 程序进行数值模拟，从而深入考察和理解收入分配差距下中国房地产价格的波动。

3.2.2　模型的设定

本书的经济由异质性家庭构成，总人口数保持不变，经济由以下四个部门组成：异质性家庭，生产最终品的厂商，生产中间品的厂商，房地产生产部门。家庭的异质性来自两个方面：一方面，通过劳动收入的异质性把家庭分为：最低收入家庭，低收入家庭，中等收入家庭，中等偏上家庭和高收入家庭；另一方面，初始的资本禀赋不同，本书把初始资本禀赋的异质性作为模型假设引入，不同家庭的资本拥有量是不同的，本书假设低收入和中等偏下收入家庭不拥有资本，即低收入家庭和中等偏下收入家庭无法通过配置资本存量来平滑消费。

本书区分了购房家庭中两种不同的房地产需求，自住和投机需求。对于自住需求，消费者买房子是为了自住，包括第一次购房者或者是改善性的购房者，因此买房子的时候考虑的是居住房屋带来的效用。当房价低于其边际效用时，消费者就购买房屋；而当房产价格高于其边际效用时，消费者不会购买房屋。房产在中国除了居住功能，还有其他的功能，如社会地位和身份的象征。另外，由于传统文化的影响，使得中国的年轻人在结婚前，借助上一代，甚至三代人的力量购买一套房屋。因此，即使人们对未来房价的预期并不会一直上涨，有购买能力的家庭仍然可能会选择购买房屋。对于自住性需求而言，购买房屋的家庭一般只有一套房屋，因此一般不会因为房价高涨而出卖房产。因为房屋对自住性需求而言不仅仅是一个资产，更重要的是其满足人类最基本居住需求的工具。在房地产价格持续上涨的情形下，消费者的购房动机将不仅局限于居住，而会更多地为了获得房地产增值带来的资本收益。这不仅包括通过在未来出售房产而获得直接资本收益的炒房客，也包括预期房价

---

① Dynare 是由 CEREMAP 开发的基于 MATLAB 的软件平台，用于处理各种经济模型的求解和模拟，尤其是 DSGE 模型和世代交叠模型。

会上涨而提前自己的房地产消费的个体，从而获得间接的资本收益。针对投机性需求而言，购买房屋本身就是为了争取差价，当房地产价格上涨后，出售房屋对投机性需求而言是理性选择。因此，定义投机性需求是投机者对未来价格预期的增函数（况伟大，2010）。

1. 低收入、中等偏下收入和中等收入家庭

假设低收入、中等偏下收入和中等收入家庭的房地产需求由两部分组成，即投机性需求和自住性需求：

$$h_{i,t} = h_{i,t}^z + h_{i,t}^s \qquad (3.1)$$

其中，$h_{i,t}^z$表示投机性需求，$h_{i,t}^s$表示自住性需求，$i=1$，2，3 分别表示低收入、中等偏下收入和中等收入家庭。

对于自住需求，消费者买房子是为了自住，包括第一次购房者或者是改善性的购房者，从而自住性需求考虑的是居住房屋带来的效用。因此，定义低收入、中等偏下收入和中等收入家庭的即期效用为：

$$U_t = \frac{(c_{i,t})^{1-\varphi}}{1-\varphi} + \frac{h_{i,t}^{z\,1-\varphi_h}}{1-\varphi_h} \qquad (3.2)$$

其中，$c_{i,t}$为t时期低收入、中等偏下收入和中等收入家庭的非房产消费；φ为低收入、中等偏下收入和中等收入家庭关于非房产消费的跨期消费替代弹性倒数，φ_h为关于房产自住消费的跨期替代弹性倒数。

另外，由于住房的商品和投资品的双重属性，消费者的购房需求除了自住之外，还有投机性需求，即为了获得房地产增值带来的资本收益。假设低收入、中等偏下收入和中等收入家庭的投机性住房需求为：

$$h_{i,t}^s = \nu\left(E\left[\frac{q_{t+1}}{q_t}\right]\right) \qquad (3.3)$$

其中，$\nu'(\ ) \geq 0$，即投机性购房需求是房地产预期回报率的增函数；q_t为第t期房地产价格。

低收入、中等偏下收入和中等收入家庭的预算约束如下：

$$w_{i,t}l_{i,t} + b_{i,t} \geq c_{i,t} + q_t(h_{i,t}^z - h_{i,t-1}^z) + q_t(h_{i,t}^s - h_{i,t-1}^s) + r_t b_{i,t-1} \qquad (3.4)$$

其中，$0 < \beta < 1$，为家庭的跨期贴现率；$w_{i,t}$为低收入、中等偏下收

入和中等收入家庭的真实工资收入；$l_{i,t}$ 为 t 时期低收入、中等偏下收入和中等收入家庭的劳动供给；$b_{i,t}$ 为 t 时期低收入、中等偏下收入和中等收入家庭的房地产抵押贷款；r_t 为 t 时期的贷款利率①。

低收入、中等偏下收入和中等收入家庭的信贷约束如下：

$$b_{i,t} \le d_t q_{t+1} h_{i,t} \frac{1}{r_t} \qquad (3.5)$$

其中，d_t 代表低收入、中等偏下收入和中等收入家庭的抵押贷款信用约束比例②。

因此，中等偏下收入、中等收入和中等偏上收入家庭分别在式（3.4）和式（3.5）的约束下最大化效用：

$$E_0 \sum_{t=0}^{\infty} \beta^t U_{i,t}(c_{i,t}, h_{i,t}^z) \qquad (3.6)$$

2. 中等偏上和高收入家庭

假设中等偏上收入和高收入家庭房地产需求由两部分组成，即投机性需求和自住性需求：

$$h_{j,t} = h_{j,t}^z + h_{j,t}^s \qquad (3.7)$$

其中，$h_{j,t}^z$ 表示投机性需求，$h_{j,t}^s$ 表示自住性需求，$j = 4，5$ 分别表示中等偏上收入家庭和高收入家庭。定义中等偏上收入和高收入家庭的即期效用为：

$$U_{j,t} = \frac{(c_{j,t})^{1-\varphi}}{1-\varphi} + \frac{h_{j,t}^{z\,1-\varphi_h}}{1-\varphi_h} \qquad (3.8)$$

其中，$c_{j,t}$ 为 t 时期中等偏上收入和高收入家庭的非房产消费，$h_{j,t}$ 为中等偏上收入和中等收入家庭的房地产消费；φ 为中等偏上收入和高收入家庭关于非房产消费的跨期消费替代弹性倒数，φ_h 为关于房产自

---

① 为了模型的简单，本书假定利率 r_t 为常数。另外，笔者在模型中引入泰勒规则下的利率政策对模型进行计算，并未改变本书结论。

② 本书假设抵押贷款信用约束比例 d_t 为常数，另外，本书将在第 5 章研究信用约束比例对房地产价格的影响。

住消费的跨期替代弹性倒数。

另外，与低收入、中等偏下收入和中等收入家庭一样，由于住房的商品和投资品的双重属性，中等偏上和高收入家庭除了自住性需求之外，还有投机性需求，即为了获得房地产增值带来的资本收益。假设中等偏上和高收入家庭的投机性需求是房地产预期回报率的函数：

$$h_{j,t}^s = \nu\left(E\left[\frac{q_{t+1}}{q_t}\right]\right) \tag{3.9}$$

其中，$\nu'(\ )\geq 0$，而中等偏上收入和高收入家庭的预算约束如下：

$$w_{j,t}l_{j,t} + r_{k,t}k_{j,t-1} + b_{j,t} \geq c_{j,t} + k_{j,t} - (1-\delta)k_{j,t-1} + q_t(h_{j,t}^z - h_{j,t-1}^z)$$
$$+ q_t(h_{j,t}^s - h_{j,t-1}^s) + r_t b_{j,t-1} \tag{3.10}$$

其中，$w_{j,t}$ 为 t 时期中等偏上收入和高收入家庭的真实工资收入；$l_{j,t}$ 为 t 时期中等偏上收入和高收入家庭的劳动供给；$k_{j,t}$ 为 t 时期中等偏上收入和高收入家庭的资本存量。

中等偏上收入和高收入家庭的信贷约束如下：

$$b_{j,t} \leq d_t q_{t+1} h_{j,t} \frac{1}{r_t} \tag{3.11}$$

其中，d_t 代表中等偏上收入和高收入家庭的抵押贷款信用约束比例。

中等偏上收入和高收入家庭的资本积累动态方程如下：

$$k_{j,t+1} = (1-\delta)k_{j,t} + i_{j,t} \tag{3.12}$$

其中，δ 为资本的折旧率，i_t 为中等偏上和高收入家庭的投资水平。

中等偏上和高收入家庭分别在式（3.10）和式（3.11）的约束下最大化效用：

$$E_0 \sum_{t=0}^{\infty} \beta^t U_{j,t}(c_{j,t}, h_{j,t}^z) \tag{3.13}$$

其中，$0<\beta<1$，为中等偏上收入和高收入家庭的主观贴现率。

因此，在第 t 期社会的总资本存量为：

$$k_t = k_{4,t} + k_{5,t} \tag{3.14}$$

社会的总投资为:

$$i_t = i_{4,t} + i_{5,t} \tag{3.15}$$

房地产市场的总需求为:

$$Q_{D,t} = \Delta h_{1,t} + \Delta h_{2,t} + \Delta h_{3,t} + \Delta h_{4,t} + \Delta h_{5,t} \tag{3.16}$$

3. 房地产部门

仅仅把房地产作为消费品引入不能真正研究此市场的动态性,要想研究房地产价格必须考虑需求和供给两方面,因此必须引入房地产部门的生产函数。房地产开发建设的周期一般较长,相对于房地产的需求而言,房地产供给具有滞后性的特征。因此,房地产开发商根据自己对未来房地产价格的判断,决定房地产开发的数量。另外,房地产供给也是土地等房地产开发成本的减函数,开发成本越高,则房地产供给越少。因此,房地产供给函数表示为:

$$Q_{S,t} = \gamma_0 + \gamma_1 E[P_t \mid t-1] + \gamma_2 L_{t-1} \tag{3.17}$$

其中,$Q_{S,t}$ 表示 t 期房地产供给;$E[P_t \mid t-1]$ 表示房地产开发商在 $t-1$ 期时对 t 期房价的预期;L_{t-1} 表示 $t-1$ 期的房地产开发成本。

4. 消费品生产厂商

消费品生产厂商在下面的技术下生产:

$$y_t = z_t k_t^\alpha L_t^{1-\alpha} \tag{3.18}$$

其中,$0 < \alpha < 1$,z_t 表示生产技术的外生随机冲击,k_t 和 L_t 表示 t 时期的用于生产消费品投入的资本和劳动。消费品生产厂商租用资本和劳动,价格分别为 $r_{k,t}$ 和 w_t。消费品生产厂商在 t 时期的真实边际成本如下给出:

$$s_t = \left(\frac{1}{1-\alpha}\right)^{1-\alpha} \left(\frac{1}{\alpha}\right)^\alpha (r_{k,t})^\alpha (w_t)^{1-\alpha} \tag{3.19}$$

5. 市场出清条件

每一期房地产市场出清,因此:

$$Q_{S,t} = Q_{D,t} \tag{3.20}$$

每一期非房产消费商品市场出清，因此：

$$c_{1,t} + c_{2,t} + c_{3,t} + c_{4,t} + c_{5,t} = y_t - i_t \qquad (3.21)$$

3.2.3　模型的校准

模型中需要校准的参数包括：资本占总收入的比例 α；资本折旧率 δ；效用函数中的主观折现因子 β，消费和休闲的替代弹性倒数 Φ 和 η。部分参数采用之前文献估计和普遍采用的校准值，部分主要参数进行估计校准。按照文献中普遍的做法，选取折现因子 $\beta = 0.9926$，即稳态下年利率为 3%；选取 $\Phi = \eta = 1$，即效用是消费和闲暇的对数线性函数；选取 $\delta = 0.025$，即资本的年折旧率为 1%；选取 $v' = 0$[①]，即经济中不存在投机性购房需求。

对于中国资本存量 K 的估算，之前的研究中争论比较大，我们使用张军（2003）提供的方法计算得到的 1978～2008 年的资本存量（1978 年不变价）；劳动人数 N 使用国家统计局公布的就业人数年度统计。采用黄赜琳（2005）中的方法，对资本存量回归的生产函数为：

$$\ln \frac{Y}{N} = 1.833 + 0.499\ln \frac{K}{N} + 0.031T \qquad (3.22)$$
$$(3.76)\ (9.99)\qquad (7.61)$$
$$R^2 = 0.997 \quad S.E. = 0.0344 \quad F = 5338.70(1978 \sim 2008)$$

括号内表示对应参数估计的 t 检验值，而且计量模型的拟合度为 99.74%，因此，资本产出弹性的估计值为 $\alpha = 0.499$，劳动产出弹性的估计值为 0.501。

根据前面式（3.22）估计的资本和劳动的产出份额，通过如下公式，计算技术进步对经济增长的贡献：

$$\frac{\Delta Z}{Z} = \frac{\Delta Y}{Y} - \alpha \frac{\Delta K}{K} - (1 - \alpha)\frac{\Delta L}{L} \qquad (3.23)$$

---

① 本书将在下节考察 v' 的不同取值对房地产价格的影响。

因此，得到技术增长率的年度均值为 1.0315，如表 3-1 所示。从 1998 年住房制度改革到 2008 年，技术进步的复合增长率为 1.357。

表 3-1　　　　　　　　　　　　参数校准结果

参数	β	δ	α	Θ	Φ	η	$\Delta Z/Z$
校准值	0.9926	0.025	0.499	0.3	1	1	1.0315

根据之前的估计结果，将 1998 年和 2008 年的数据重新代入式 (3.22)，得到中国的资本产出份额的估计值 1998 年为 0.486 和 2008 年为 0.500。因此，我们设定自 1998 年"房改"以来，中国的劳动报酬占比的变动为 0.014。

最后，校准收入差距相关参数。根据《中国居民收入分配年度报告 (2009)》提供的中国 2008 年不同收入组的人均可支配收入数据，在工资收入差距冲击下不同家庭的人均可支配收入比如表 3-2 所示。

表 3-2　　　　　　　　　　　工资收入差距校准

人均可支配收入比	低收入家庭（20%）	中等偏下收入家庭（20%）	中等收入家庭（20%）	中等偏上收入家庭（20%）	高收入家庭（20%）
实际数据	0.4332	0.7291	1	1.3768	2.4980
校准数据	0.4066	0.6376	1	1.5683	2.4596

3.2.4　理论模型与实际数据的比较

基于中国 1998 年 1 季度～2010 年 4 季度的季度数据进行估计，进而从脉冲响应函数和二阶矩特征两个方面比较了理论模型的模拟结果和实际经济。宏观季度数据均来源于中经网数据库，包括 GDP、房地产价格、消费和 CPI。房地产价格由商品房销售总额除以商品房销售面积计算获得，消费以社会消费品零售总额来衡量，数据利用 X_12 进行季节调整，得到不含季节因素的季度数据。表 3-3 给出了实际产出、实际消费、实际房地产价格的标准差以及同期相关关系的模拟数据和实际数据的比较。从实际产出波动的比较来看，模型预测的产出波动比实际经济中产出波动略小，模型解释了实际产出波动的 39.12%。从房地产价格的比较来看，模型预测的波动比实际经济中的波动小，模型解释了房地产价格波动的 45.02%。从实际消费的比较来看，模型预测的波动比实际经济中的波动要小，模型解释了实际消费波动的 55.92%。而从与实际产出的同期相关性来看，模型预测的各宏观经济变量与实际产出呈现出正相关性，且模拟经济预测的相关系数与实际经济基本相同。综上所述，模型预测与实际经济中的比率基本相同，本部分模型比较好地模拟了实际经济中各变量的二阶矩，对实际经济有较好的解释力。

表 3 – 3 模拟经济与实际经济的比较

	实际经济			模拟经济			Kydland-Prescott 方差比
	标准差（%）	与产出波动之比	与产出相关系数	标准差（%）	与产出波动之比	与产出的相关关系	
房地产价格	6.975	3.614	0.575	3.140	4.159	0.546	45.02%
实际消费	1.400	0.725	0.692	0.333	0.7407	0.355	55.92%
实际产出	1.930	1.000	1.000	0.755	1.000	1.000	39.12%

3.3 收入分配差距与房地产价格的关系

在给定上述参数校准值的基础上，假设经济初期工资收入不存在异质性，我们对本书建立的模型进行了模拟，设计了三个模拟情景，情景模拟一：引入工资收入差距；情景模拟二：引入劳动报酬占比冲击；情景模拟三：在技术进步背景下，引入工资收入差距冲击和劳动报酬占比冲击。

首先考虑情景模拟一，假设经济的初期各个家庭的工资收入都相同，然后以中国目前的收入分配的数据作为模拟参数引入工资收入的异质性，从而考察工资收入差距对经济的影响，其中各个不同家庭的反应结果见表 3 - 4，而加总经济中的房地产价格反应结果见图 3 - 2。引入工资收入差距后，不拥有资本的低收入家庭收入下降，房地产消费和非房产消费都下降，而家庭负债增加；中等偏下收入家庭的非房产消费和房地产消费下降，负债增加；中等收入家庭的消费略有下降，房地产消费下降，而负债增加；中等偏上和高收入家庭的房地产消费、非房地产消费以及资本存量均上升。加总后经济中的总资本存量上升，资本回报率下降；在工资收入差距冲击下，加总经济中的总房地产消费上升，因此房地产价格上升 0.069（见图 3 - 2）。

表 3 - 4　　　　　　工资收入差距冲击对不同收入家庭的影响

	低收入家庭（20%）	中等偏下收入家庭（20%）	中等收入家庭（20%）	中等偏上收入家庭（20%）	高收入家庭（20%）
$c_i(c_j)$	- 0.01096	- 0.029726	- 0.0035	0.0413	0.047087
$b_i(k_j)$	- 0.10105	- 0.18182	- 0.10156	0.38493	0.66831
$h_i(h_j)$	- 0.1339	- 0.42634	- 0.13707	0.15221	0.44148

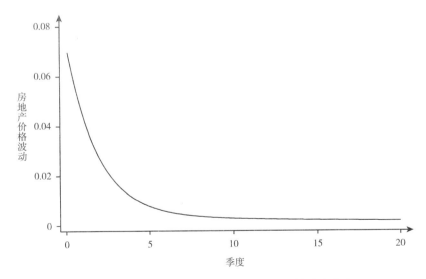

图 3 - 2　工资收入差距冲击下房地产价格的脉冲响应

接下来考察情景模拟二：假设经济的初期为经济中各个家庭的收入都相同，然后引入未预期到的劳动报酬占比冲击，考察劳动报酬占比变化对宏观经济和房地产市场的影响效果。引入未预期到的劳动报酬占比 γ 下降后的各个不同家庭的反应结果见表3-5，而加总经济中的房地产价格反应结果见图3-3。随着劳动报酬占比的降低，在初次分配中资本要素的报酬上升。由于劳动收入的下降，低收入家庭的房地产和非房地产消费均下降，同时负债增加；而拥有资本的家庭的非房产消费和房产消费以及资本存量均上升。对于加总经济而言，在劳动报酬占比冲击下，总的房地产需求下降，因此房地产价格下降（见图3-3）。

表3-5　　　　　　　劳动报酬占比冲击对不同收入家庭的影响

	低收入家庭（20%）	中等偏下收入家庭（20%）	中等收入家庭（20%）	中等偏上收入家庭（20%）	高收入家庭（20%）
$c_i(c_j)$	-0.0017	-0.0017	-0.0017	0.0003	0.0003
$b_i(k_j)$	-0.0102	-0.0102	-0.0102	0.0020	0.0020
$h_i(h_j)$	-0.0849	-0.0849	-0.0849	0.0212	0.0212

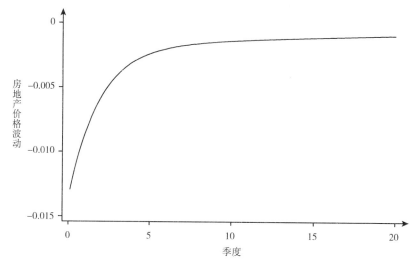

图3-3　劳动报酬占比冲击下房地产价格的脉冲响应

接下来考察情景模拟三：同时引入工资收入差距冲击和劳动报酬占比冲击，从而更好地模拟所有收入分配差距冲击对房地产价格的总体影响。

如图 3 - 4 所示，工资收入差距和劳动报酬占比冲击共同作用下房地产价格的脉冲响应。我们可以看到，总体上收入差距冲击导致房地产价格上升。如前面的分析，劳动报酬占比下降对房地产价格的贡献是负向的，而工资收入差距的上升贡献则是正向的，因此说明工资收入差距对房地产价格波动的贡献高于劳动报酬占比。

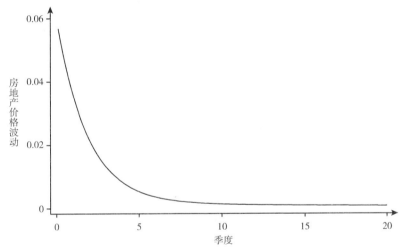

图 3 - 4　技术进步、工资收入差距和劳动报酬占比冲击下房地产价格的脉冲响应

另外，表 3 - 6 给出了房地产价格变动的方差分解结果，进一步验证了图 3 - 4 的结果：工资收入差距冲击解释了房地产价格变动的 82.33%；劳动报酬占比冲击解释了房地产价格变动的 17.67%。因此，主要影响房地产价格的是工资收入分配差距，且工资收入分配差距对房地产价格的影响大于劳动报酬占比下降带来的影响。

表 3 - 6　　　　　　　　　　　　方差分解

冲击	工资收入差距	劳动报酬占比
比例	82.33%	17.67%

3.4 中国市场化住房模式分析

3.4.1 中国住房模式的市场化现状

从中国的住房政策变迁中可以看出，中国的住房市场化改革实际上最早启动于 1988 年颁布的《国务院住房制度改革领导小组鼓励职工购买公有旧住房意见的通知》，1994 年政府进一步提出实现住房商品化、社会化的目标，把住房实物福利分配的方式改变为按劳分配为主的货币工资分配方式。在随后的改革中，我国城镇居民的居住条件得到大幅改善，同时在住房领域也形成了房地产的投资热潮。在过去的十年间中国房地产市场的投资率始终保持在 25% 以上的高位水平。《中国城市状况报告 2010/2011》指出，2008 年全国城镇居民人均住房使用面积达 23 平方米，城镇居民的自有住房拥有率至 2008 年已达 87.8%。国家统计局公布的《城镇和农村居民收支状况和生活质量报告》显示，截至 2010 年年底，城镇居民家庭自有住房率为 89.3%，其中 11.2% 的城镇居民家庭拥有原有私房，40.1% 的家庭拥有房改私房，38.0% 的家庭拥有商品房。与此同时，国外许多发达国家的住房自有率不足 60%，德国甚至低于 50%。由于中国和其他国家关于住房自有率的统计口径不同，因此这样的对比并不能真正反映中国人的住房拥有率。国外的住房自有率一般采用拥有住房人口占总人口的比例来计算，而我国住房自有率按自有住房面积占总住房面积的比例进行计算，这样会导致由于存在一个家庭拥有多套住房的情况而使统计结果高估中国的住房自有比例。中国的"居民住房自有率"统计口径"报告期末自有（私有）住房的建筑面积占实有住房建筑面积的比例"，计算公式为"住房自有率 = 自有(私有)住房建筑面积/实有住房建筑面积"（王志平，2008）。因此，中国的住房自有率数据应该更多的是反映出中国目前的私有化率，也即市场化程度，而非住房自有化程度。而中国的住房自有率 2005 年为 82%，2010 年则上升为 89.3%，这意味着住房中私有住房的比例越来越高，公有住房（包括廉租房、公租房）的比例在变小，从而中国在住房领域已经高度的市场化。从供给的角度来看，根据中国房地产TOP10研究组提供的《房地产百强研究报告》，在房地产开发百强企业中，国有经济成分正逐步被非国有经济成分（包括民营企业和三资企业）所替代，在最新的百强企业中，民营企业占42%，国有房地产企业占40%，三资企业占18%。因此，不论从住房市场的需求方面还是从供给方面看，经过几十年住房领域改革的不断推进，我国的住房模式已经基本市场化。

3.4.2　市场化住房模式下的房地产价格波动模拟

接下来，模拟在没有政府干预的完全市场化情况下中国房地产价格的波动，从而对中国房地产市场的模式选择进行探讨和分析。假设经济初期，经济受到城市化过程中带来的房地产需求冲击影响。分别考察了投机性需求参数 v' 在不同取值情况下房地产价格的波动。v' 是投机性需求参数，v' 的取值越大表示住房市场中投机性需求越多，投机气氛越浓重。

由于住房市场供给的滞后性，房地产需求的突然增加导致房地产价格上升。对于自住性需求而言，由于受到预算约束的限制，自住性购房者会随着房地产价格的上升需求下降。但对于投机需求而言，房地产价格偏离基准价格上升后，投机性需求对市场价格的变动趋势敏感，其预期房价呈上涨趋势从而会购买房地产。从图 3-5 中可以看出，随着房地产价格的不断上升，投机需求逐渐增加，而这样的购买行为会使得房价继续上涨，从而形成在住宅市场价格和投机性需求之间形成一个正反馈机制，使得房地产价格上涨预期产生自我实现的结果。而这样的房价上涨并不会永远出现，当房价出现下降后，投机需求的追涨杀跌性使得房价持续下降，最终还会下降到低于长期均衡值的水平。如图 3-5 所示，在经济初期房地产价格上升的冲击下，尽管短期内投机需求会使得房地产价格继续上涨，但是这样的上涨最终会面临一个极限。从长期来看，房地产价格最终还是要由自住性需求来决定。

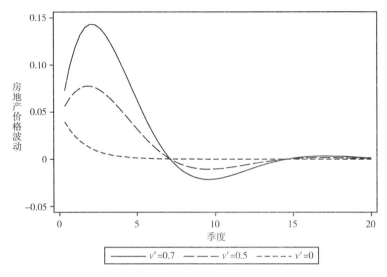

图 3 - 5   完全市场化下房地产价格波动模拟

因此，在房地产的供给和需求完全由市场确定而没有政府干预的情况下，即使没有外部冲击的情况下房地产市场的周期波动也可能出现。因此，一方面，政府有必要对房地产市场的投机需求进行调控和干预。房地产市场尽管有自我调节能力，但是这种自我调节的过程过于缓慢。而且在调节的过程中，房地产市场所吸引的投资量可能是非常巨大，从而使得在最后房地产泡沫破灭时带来的影响也非常巨大。另一方面，政府还需要对房地产投机性需求的波动进行调控和干预。房地产泡沫是投机性需求附着在自住性需求上产生的，而且泡沫不可能无限制的扩张，房地产价格的长期趋势还是由真正的自住性购房者所决定。因此，要保持房地产价格的稳定，政府最终还是要对投机性需求的波动进行调控和干预。

3.4.3 中国市场化住房模式的主要问题

回顾中国的住房货币化改革，实际上是一个不断市场化的过程。中国的住房制度改革，大幅度提高了中国城镇居民的住房水平，但随着市场化程度越来越高，住房市场也面临着如下的问题。

3.4.3.1　房地产市场投机盛行

从本节的模拟可以看出，经济初期 4% 的房地产需求冲击，就会带来房地产价格超过 15% 的上涨。因此，过度市场化的住房模式必然导致房地产市场的投机行为，从而导致房地产价格不断上涨，但随着房地产价格上涨的不可持续，最终房地产泡沫总会崩溃。从世界的住房市场发展来看，过度市场化下的房地产市场总是充斥着大量的投机性需求，从而在一定的条件下助推房地产市场的泡沫形成。以中国香港为例，香港政府施行的是高度市场化的住房模式，政府在为中低收入家庭提供住房保障的同时，并不干预房地产市场。房地产业在香港的经济生活中占有十分重要的地位，房地产业对香港的 GDP 贡献达到 20%，而房地产投资占香港固定投资的 50% 左右，而香港政府财政收入的 1/3 来自房地产业。20 世纪 90 年代，持续增长的香港经济和对香港回归对经济的利好预期也带动房地产市场的需求不断增加，房地产价格快速上涨，1989 ~ 1997 年，香港的房地产价格上涨了 3 倍多，即使 1997 年席卷亚洲的金融危机也没有抑制香港楼市的投机气氛。但是从 1998 年开始，香港的房地产泡沫开始崩溃，香港的房地产价格只有泡沫时期最高价的1/4。泡沫经济让香港经济背上了沉重的包袱，从而使得复苏困难重重，缺乏动力。另外，在进入 20 世纪 90 年代之后，美国的住房模式也是以提高住房自有率为主的市场化模式主导。越来越多原本无法购买房屋的家庭，在零首付和对购房者实行税收优惠等政策下得以进入房地产市场，从而造成房地产需求上升，并使得房地产价格快速攀升。不断上涨的房地产价格，吸引了大量的投资投机资金，从而使得美国房地产市场持续火暴。但随着需求的逐渐萎缩，房地产价格开始下跌并最终引发了波及全球的次贷危机。反观中国目前的房地产市场，1998 年的海南房地产泡沫破裂以及 2008 年次贷危机造成中国房价的下跌，无论从下跌的幅度还是影响的范围，都没有给中国居民留下深刻的印象。在住房领域市场化不断深入的同时，普通消费者的风险意识明显不足，使得房价持续上涨的预期并没有改变，房地产市场的投资、投机需求仍然旺盛。

根据 2010 年第一季度中国人民银行对北京市城镇居民购房状况进行的调查显示，投资性购房居民占比创近两年来的新高，达到 23.1%，因此，在一定条件下，市场化下的住房模式会带来房地产市场的投机盛行，从而不断推高房地产价格，最终形成严重的房地产泡沫。

3.4.3.2　住房问题已从供给不足转为支付能力不足

目前中国城镇居民家庭自有住房率为 89.3%，在如此高的市场化程度下，中国的住房问题不再仅仅是住房的短缺问题，而更多的是居民的住房支付能力不足问题。住房不仅具有商品和投资品的属性，还具有社会性，在目前中国收入分配差距较大的发展阶段，把市场化和私有化作为中国的住房模式的目标，从而造成了不同社会收入阶层的利益失衡。如前面的分析，市场化的住房模式由于更多地强调房地产的商品属性，必然带来房地产市场的投机性需求。目前中国正处在加速城市化的发展过程中，因此不断增加的住房需求再加上投机性需求，必然会不断推高中国的房地产价格。而中国尽管经济保持高速增长，但是居民收入增长的速度却不一样，整体上收入差距不断扩大。表现在住房领域，低收入阶层由于住房支付能力不足，不论从住房面积还是居住环境都相对较差。刘琳等（2010）采用家庭可支配收入中扣除基本消费需求支出后计算的最大住房支付比例（见图 3-6），最低收入家庭可支付的最大住房支出比例为 -9%，而低收入家庭的可支付的最大住房支出比例为 30%，中等偏下收入家庭的可支付的最大住房支出比例为 48%。另外，根据国家统计局 2005 年人口调查资料数据进行估算，最低收入家庭的一居室市场租金收入比①为 50%，而低收入收入家庭的一居室市场租金收入比为 34.5%，而中等偏下收入家庭的一居室市场租金收入比为 20%。因此，最低收入家庭和低收入家庭的住房支付能力严重不足，完全无法在市场中租住住房，必须依靠政府的住房保障政策的帮助才能解决住房问题。

---

①　租金收入比 = 住房月租金/家庭月收入，住房月租金采用一居室的月市场价租金，收入采用不同家庭的月收入。

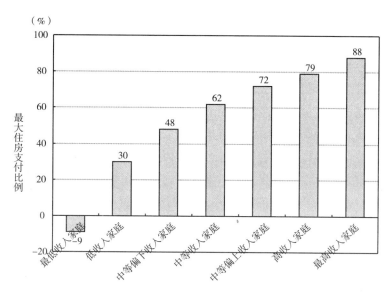

（%）

最
大
住
房
支
付
比
例

图 3 - 6　城镇不同收入家庭的最大住房支付比例

资料来源：刘琳等. 我国城镇住房保障制度研究. 中国计划出版社, 2010.

3. 4. 3. 3　居民的债务负担过高

住房市场化模式下不断上涨的房地产价格，导致购房者的债务负担不断加重。但是，北京和上海的房价仍然远远低于其他国际大都市，但是中国购房者的债务负担却远远高于这些国家和地区的水平。2010 年日本东京城区的房价均价 12000 美元，是北京和上海城区房价的 4 倍左右，但是日本东京居民的住房相关支出占消费支出比例不到 20%（施继元，2011）。在美国一般用家庭债务偿还比例（Debt Service Ratio，DSR）和家庭财务负债比例（Financial Obligations Ratio，FOR）来衡量家庭的债务负担水平。如表 3 - 7 所示，2010 年美国的家庭财务偿还比例为 13.8%，即偿还债务支出占个人可支配收入的 13.8%，平均家庭财务负债比例 17.4%，而自有住房家庭用于按揭支出的比例 10.5%。相比 2005 年和 2008 年，不论是美国的家庭债务偿还比例 DSR 还是家庭财务负债比例都有所下降，这说明在次贷危机后美国的购房者经历了一个去杠杆化的过程，但总体上美国家庭的负债偿还比例低于 20% 且保持相对稳定。根据中国社科院发布《2011 住房绿皮书》显示，北京的房贷月度偿付率（月度偿付额与月度可支配收入）超过100%，一般而言月度偿付率超过 30% 的家庭应租房而不是买房，而中国大部分城市的房贷月度偿付率都大于 30%，只有呼和浩特和重庆等少数城市例外。市场化住房模式下房价不断上涨，大部分家庭的收入却没有同比例上涨，从而导致购房者的债务负担不断加重。房地产市场的繁荣可能会促进经济在短期内快速增长，但过高的债务负担使得家庭占用大比例的可支配收入用于偿付贷款，必然导致家庭缩减在其他方面的消费，产生"挤出效应"，进而导致内需不足，影响我国经济增长的长期可持续性。

表 3 - 7　　　　　　　　　　　美国居民的住房债务支出比例

时间	DSR	平均FOR	租房家庭FOR	自有住房家庭FOR	自有住房家庭按揭FOR	自有住房家庭消费FOR
2005	0.138	0.185	0.253	0.171	0.105	0.067
2008	0.140	0.189	0.251	0.176	0.113	0.063
2010	0.138	0.174	0.242	0.159	0.105	0.054

3.4.4　政府干预政策分析

由图 3 - 5 可以看出，如果政府政策可以准确区分投机性需求和自住性需求，则政府可以有效地抑制房地产价格的波动幅度和房地产市场自身调整时间。而房地产价格的周期波动来源于房地产的投机需求。德国的房地产市场几乎十年未涨，其中重要的经验就是德国政府通过行之有效的住房政策，使得房地产作为商品更多地强调其消费属性，而抑制了其投资属性。政府出台歧视性政策使得经济中的投机需求减少，从而使得房地产的波动变小。对房地产的两种需求进行区别对待：对于自住性需求并不歧视。而对投机性需求则严格限制其进入房地产市场。从而避免或者缩短房地产投资从泡沫逐步形成到破裂的周期，放缓房地产市场震荡的幅度。通过这种对投资性需求的限制，会直接带来对房地产总需求的下降，而需求的下降最终会带来房地产价格的下降。房地产价格下降的另一个后果，就是会在一定条件下导致未来价格上涨的预期下降。而未来价格上涨的预期下降又会进一步抑制投资性的需求。而抑制投机性需求的关键在于有效区别自住性需求和投机性需求。接下来，讨论房地产贷款、税收和限购三种不同的差别化政策对房地产市场的影响：

（1）差别化贷款政策。2007 年 9 月央行推出差别化住房贷款政策，对已利用贷款购买住房、又申请购买第二套以上住房的，贷款首付款比例不得低于40%，贷款利率不得低于中国人民银行公布的同期同档次基准利率的 1.1 倍，而且贷款首付款比例和利率水平应随套数增加而大幅度提高。差别化住房贷款政策，可以通过增加二套房的贷款成本，而从一定程度上抑制房地产市场的投机性需求。但是这样的政策并不能真正打击到市场的投机气氛。如前分析，目前经济中过剩的流动性是中国房地产市场出现大量投机性需求的因素之一，而大量以投资、投机为目的的购房者为投机性购房者只是寻找闲置资金更便捷的出路，并不需要银行贷款。因此，差别化住房贷款政策并不能对其产生影响，而且也无法影响从其他渠道融资的投机性需求。

（2）差别化税收政策。2006 年之前，中国政府关于房地产行业的调控政策中都不包括针对投机的歧视性政策。直至 2006 年的"国六条"提出购买不足 5 年的住房进行交易时，对售房收入全额征收营业税。出台差别化税收政策的目的就是区别自住性需求和投机性需求，在不增加自住性需求购房成本的同时，抬高投机性需求的购房成本，从而抑制房地产市场的投机气氛。但是，市场中不仅仅包括快进快出的炒房客，还包括把房地产作为一种资产进行投资的购房者，因此 5 年的限制只能限制一部分的投机性需求，但仍然无法有效抑制市场中的投机气氛。

（3）限购政策。2011 年 1 月，北京、上海和南京等地相继推出限购令。以北京为例，根据《北京市人民政府办公厅关于贯彻落实国务院办公厅文件精神进一步加强本市房地产市场调控工作的通知》规定："对已拥有 1 套住房的本市户籍居民家庭（含驻京部队现役军人和现役武警家庭、持有有效《北京市工作居住证》的家庭)、持有本市有效暂住证在本市没拥有住房且连续 5 年(含)以上在本市缴纳社会保险或个人所得税的非本市户籍居民家庭,限购 1 套住房(含新建商品住房和二手住房);对已拥有 2 套及以上住房的本市户籍居民家庭、拥有 1 套及以上住房的非本市户籍居民家庭、无法提供本市有效暂住证和连续 5 年(含)以上在本市缴纳社会保险或个人所得税缴纳证明的非本市户籍居民家庭,暂停在本市向其售房。"北京户籍的家庭只能新购一套住房,而非北京户籍的家庭只有提供纳税或社保证明其在北京的长期居住历史才能新购一套住房。相比之前的差别化住房信贷政策和住房税收政策,房地产限购政策的限制性更大。房地产限购后,不论是真正的自住性需求还是投资或投机为目的的需求都会下降,导致房地产价格的趋势改变,从而改变了投机性需求对房地产价格上涨的预期,进一步降低房地产市场中的投机气氛。

尽管限购政策可以有效阻止投机性需求进入房地产市场,但是同时也拒绝了一些以自住和改善住房为目的的需求进入市场。例如,没有北京户籍、在北京有正式工作但不足 5 年的,进入房地产市场购买房地产,应该也属于自住需求。但是在限购政策下,这样的购房者就被拒绝在北京的房地产市场之外。另外,把户籍作为房地产的自住性和投机性需求的甄别工具,不一定能够将投机性需求拒绝在市场之外,而且会使得原本已经逐渐放宽的户籍政策重新收紧。任何政策都不可能在最初的机制设计过程中就达到完美,因此政府在实施过程中需要不断完善限购政策,使其能够更加准确地区别两种需求,从而起到抑制房地产市场投机气氛的作用。

其次,尽管限购政策是在中国房地产市场过热的背景下推出的,但我们认为房地产限购政策应该是一个长期性的政策。为了起到抑制房地产市场投机气氛的作用,在限制投机性需求进入房地产市场的同时,还需要改变投机性需求的预期。如前所述,房地产市场的自我调整速度十分缓慢。因此,限购政策不应是短期政策,而应是一个长期有效的政策。从发达国家的住房制度经验中可以看出,短期内政府想要建立一套完善的住房保障体系难度很大。德国通过几十年的建设,才形成了完善的住房保障体系以及相关的法律制度，从而保证了房地产作为商品的消费属性而抑制了其作为资产的投资属性。因此，考虑到房地产市场的特殊性，限购政策应该是一种过渡性政策，在政府建立和完善住房制度和法律之前的很长一段时间内都应该存在。

3.5　本章小结

　　本章构建了一个带有房地产部门的动态随机一般均衡模型，运用MATLAB 程序研究了两种不同的收入分配差距冲击对房地产价格的影响。区分了两种不同的收入分配差距变化，研究发现，不论是工资收入差距还是资本拥有差距造成的收入分配差距扩大，都会造成房产拥有的不平等和部分家庭的负债增加，从而在房地产价格上涨的情况下造成社会财富不平等的进一步扩大。另外，中国的收入分配差距更多地表现为在经济增长的过程中不同群体分享的比例不同。高收入群体的工资增加最终会抬高在低收入群体购买房地产的支付价格，抬高了低收入群体的房地产消费准入门槛，从而使得低收入群体更难在经济中分享经济增长带来的成果。因此，政府在对住房市场进行干预的同时，必须考虑到现阶段中国的收入分配差距现状对住房拥有的影响。为了保障低收入人群的住房需求，政府应该建立更加完善的住房保障体系，使得中低收入家庭在房地产市场蓬勃发展的过程，也分享经济增长带来的成果，从而保障社会公平。住房保障政策是政府的收入再分配手段之一，通过住房形式的转移支付实现社会收入再分配，使得中低收入家庭也能够分享经济增长带来的好处。

　　另外，本章定性地对市场化住房模式下的房地产价格波动进行了研究，证明了房地产市场的投机性需求和房地产供给的滞后性足以产生房地产价格的周期波动。房地产作为一种特殊的商品，具有投资和消费两种性质。因此，市场化住房模式下房地产市场不仅吸引了住房需求，而且也吸引了以获得资本利得为目的的投机需求。住房改革和房地产业的迅速发展在很大程度上改善了我国城市居民的居住条件，在一定程度上解决了住房供应不足的问题。但是目前中国的房地产市场出现了房地产投资过热、房价上涨过快、住房供应结构失衡等问题，而中国的住房问题已经从住房货币化改革前的住房供应不足转变为居民的住房支付能力不足。最后本章针对政府抑制投机的差别化政策进行了讨论，指出之前的贷款和税收政策没有有效地区分房地产市场的投机性和自住性需求，而限购政策尽管可能会限制少量的自住性需求但却可以有效抑制投机性需求，作为过渡性政策应该在住房政策完善前长期存在。

综上所述，从中国的房地产市场实践中可以看出，实行住房消费货币化改革并在房地产市场逐步建立完善的市场机制后，市场机制在住房资源配置中的作用越来越突出，政府更多地采用"无形的手"解决中国的住房问题。虽然近年来中国房地产业的快速发展对促进国民经济增长和改善人民生活水平起到了重要的作用，但房地产作为一种特殊的商品，具有投资和消费两种性质。因此，房地产市场不仅吸引了住房需求，而且也吸引了以获得资本利得为目的的投机需求。面对房地产价格不断上升的趋势，消费者的购房动机不仅局限于自住，而会更多地为了获得房地产增值带来的资本利得，从而进入房地产市场进行投机。与其他发达国家不同的是，中国居民缺少除房地产以外的合理投资渠道，因此更加助长了房地产市场的投机气氛。房地产市场的投机需求会推动房地产价格大幅上涨，而推高的房价又会吸引更多的投机资金涌入房地产市场，从而形成恶性循环，进一步推高房地产价格。我国住房改革和房地产业在不断市场化的过程中改善了我国城市居民的居住条件，但是目前中国的房地产市场出现了房地产投资过热、房价上涨过快、住房供应结构失衡等问题，中国的住房问题已经从住房货币化改革前的住房供应不足转变为居民的住房支付能力不足。因此，高度市场化的住房模式已不再适合目前的中国，在我国收入分配差距不断扩大的背景下，房地产价格直接影响城镇家庭住房条件的改善，我国应采取"政府＋市场"的住房模式，政府需要在从社会保障和宏观调控两个方面对住房市场进行干预，从而保证中国的房地产市场真正持续健康地发展。

附录 3A：家庭效用最大化问题

低收入、中等偏下收入和中等收入家庭在式（3.4）和式（3.5）的约束条件下，最大化跨期效用式（3.6），得到一阶条件：

$$U_{i,c}(c_{i,t}, h_{i,t}) = \lambda_{i,t} \tag{3A1}$$

$$U_{i,h} + \beta q_{t+1} \lambda_{i,t+1} = d_t r_t q_t + (1 - d_t) q_t \lambda_{i,t} \tag{3A2}$$

其中 $i = 1, 2, 3$ 分别表示低收入、中等偏下收入和中等收入家庭。

中等偏上收入和高收入家庭在式（3.10）和式（3.11）的约束条件下，最大化跨期效用式（3.13），得到一阶条件：

$$U_{j,c}(c_{j,t}, h_{j,t}) = \lambda_{j,t} \tag{3A3}$$

$$U_{j,h} + \beta q_{t+1} \lambda_{j,t+1} = d_t r_t q_t + (1 - d_t) q_t \lambda_{j,t} \tag{3A4}$$

$$\lambda_{j,t} = \beta \lambda_{j,t+1} \left(1 - \delta + \frac{k_{j,t+1}}{l_{j,t+1}}^{\alpha-1} \right) \tag{3A5}$$

其中，$j = 4, 5$ 分别表示中等偏上收入家庭和高收入家庭。

附录 3B：基准模型的稳态值

在文章中对模型的定义和附录 3A 的一阶条件基础上，得出各变量的稳态值，为了计算的方便将代表性家庭的劳动力供给的稳态值 l_{ss} 和经济中房地产存量的稳态值和 h_{ss} 都归一化为 1，具体结果如下：

$$r_{ss} = \frac{1}{\beta} \tag{3B1}$$

$$r_{ss}^k = \frac{1}{\beta} - 1 + \delta \tag{3B2}$$

$$s_{ss} = \frac{\theta - 1}{\theta} \tag{3B3}$$

$$w_{1,ss} = \varpi_1 (1-\alpha)\alpha^{\frac{\alpha}{1-\alpha}}(s_{ss})^{\frac{1}{(1-\alpha)}}(r_{ss}^k)^{\frac{\alpha}{\alpha-1}} \tag{3B4}$$

$$w_{2,ss} = \varpi_2 (1-\alpha)\alpha^{\frac{\alpha}{1-\alpha}}(s_{ss})^{\frac{1}{(1-\alpha)}}(r_{ss}^k)^{\frac{\alpha}{\alpha-1}} \tag{3B5}$$

$$w_{3,ss} = \frac{1}{5}(1-\alpha)\alpha^{\frac{\alpha}{1-\alpha}}(s_{ss})^{\frac{1}{(1-\alpha)}}(r_{ss}^k)^{\frac{\alpha}{\alpha-1}} \tag{3B6}$$

$$w_{4,ss} = \omega_4 \frac{1}{5}(1-\alpha)\alpha^{\frac{\alpha}{1-\alpha}}(s_{ss})^{\frac{1}{(1-\alpha)}}(r_{ss}^k)^{\frac{\alpha}{\alpha-1}} \tag{3B7}$$

$$w_{5,ss} = \omega_4 \frac{1}{5}(1-\alpha)\alpha^{\frac{\alpha}{1-\alpha}}(s_{ss})^{\frac{1}{(1-\alpha)}}(r_{ss}^k)^{\frac{\alpha}{\alpha-1}} \tag{3B8}$$

$$\lambda_{1,ss} = \frac{5}{\omega_1(1-\alpha)}\alpha^{\frac{1-\alpha}{\alpha}}(s_{ss})^{1-\alpha}(r_{ss}^k)^{\frac{\alpha-1}{\alpha}} \tag{3B9}$$

$$\lambda_{2,ss} = \frac{5}{\omega_2(1-\alpha)}\alpha^{\frac{1-\alpha}{\alpha}}(s_{ss})^{1-\alpha}(r_{ss}^k)^{\frac{\alpha-1}{\alpha}} \tag{3B10}$$

$$\lambda_{3,ss} = \frac{5}{(1-\alpha)}\alpha^{\frac{1-\alpha}{\alpha}}(s_{ss})^{1-\alpha}(r_{ss}^k)^{\frac{\alpha-1}{\alpha}} \tag{3B11}$$

$$\lambda_{4,ss} = \frac{5}{\omega_4(1-\alpha)}\alpha^{\frac{1-\alpha}{\alpha}}(s_{ss})^{1-\alpha}(r_{ss}^k)^{\frac{\alpha-1}{\alpha}} \tag{3B12}$$

$$\lambda_{5,ss} = \frac{5}{\omega_5(1-\alpha)}\alpha^{\frac{1-\alpha}{\alpha}}(s_{ss})^{1-\alpha}(r_{ss}^k)^{\frac{\alpha-1}{\alpha}} \tag{3B13}$$

$$k_{ss} = \left(\frac{\theta-1}{\theta}\right)^{\frac{1}{\alpha(1-\alpha)}}\left(\frac{r_{ss}^k}{\alpha}\right)^{\frac{1}{\alpha-1}} \tag{3B14}$$

$$i_{ss} = \delta\left(\frac{\theta-1}{\theta}\right)^{\frac{1}{\alpha(1-\alpha)}}\left(\frac{r_{ss}^k}{\alpha}\right)^{\frac{1}{\alpha-1}} \tag{3B15}$$

$$y_{ss} = \left(\frac{\theta-1}{\theta}\right)^{\frac{1}{(1-\alpha)}}\left(\frac{r_{ss}^k}{\alpha}\right)^{\frac{\alpha}{\alpha-1}} \tag{3B16}$$

$$q_{ss} = \frac{1}{1-\beta}(1-\alpha)\alpha^{\frac{\alpha}{1-\alpha}}(s_{ss})^{\frac{1}{(1-\alpha)}}(r_{ss}^k)^{\frac{\alpha}{\alpha-1}} \tag{3B17}$$

$$h_{1,ss} = q_{ss}\lambda_{1,ss}\left(1-d_{ss}+\frac{d_{ss}r_{ss}}{\lambda_{2,ss}}-\beta\right) \tag{3B18}$$

$$h_{2,ss} = q_{ss}\lambda_{2,ss}\left(1-d_{ss}+\frac{d_{ss}r_{ss}}{\lambda_{2,ss}}-\beta\right) \tag{3B19}$$

$$h_{3,ss} = q_{ss}\lambda_{3,ss}\left(1-d_{ss}+\frac{d_{ss}r_{ss}}{\lambda_{3,ss}}-\beta\right) \tag{3B20}$$

$$h_{4,ss} = q_{ss}\lambda_{4,ss}\left(1 - d_{ss} + \frac{d_{ss}r_{ss}}{\lambda_{4,ss}} - \beta\right) \qquad (3B21)$$

$$h_{5,ss} = q_{ss}\lambda_{5,ss}\left(1 - d_{ss} + \frac{d_{ss}r_{ss}}{\lambda_{5,ss}} - \beta\right) \qquad (3B22)$$

$$y_{ss}^{a} = y_{ss} + q_{ss}h_{ss} \qquad (3B23)$$

$$b_{1,ss} = dq_{ss}h_{1,ss}\frac{1}{r_{ss}} \qquad (3B24)$$

$$b_{2,ss} = dq_{ss}h_{2,ss}\frac{1}{r_{ss}} \qquad (3B25)$$

$$b_{3,ss} = dq_{ss}h_{3,ss}\frac{1}{r_{ss}} \qquad (3B26)$$

$$b_{4,ss} = dq_{ss}h_{4,ss}\frac{1}{r_{ss}} \qquad (3B27)$$

$$b_{5,ss} = dq_{ss}h_{5,ss}\frac{1}{r_{ss}} \qquad (3B28)$$

附录3C：基准模型对数线性化

根据正文中校准和估计的模型参数确定附录 3B 得到的各参数稳态值，然后在稳态附近对模型进行对数线性化，从而得到如下的 27 个动态方程，定义了以下 27 个变量：

$$\{\hat{s}_{t}, \hat{\lambda}_{1,t}, \hat{\lambda}_{2,t}, \hat{\lambda}_{3,t}, \hat{\lambda}_{4,t}, \hat{\lambda}_{5,t}, \hat{c}_{1,t}, \hat{c}_{2,t}, \hat{c}_{3,t}, \hat{c}_{4,t}, \hat{c}_{5,t}, \hat{h}_{1,t}, \hat{h}_{1,t}^{s}, \hat{h}_{2,t}, \hat{h}_{2,t}^{s},$$
$$\hat{h}_{3,t}, \hat{h}_{3,t}^{s}, \hat{h}_{4,t}, \hat{h}_{4,t}^{s}, \hat{h}_{5,t}, \hat{h}_{5,t}^{s}, \hat{q}_{t}, \hat{y}_{t}, \hat{r}_{k,t}, \hat{k}_{4,t}, \hat{k}_{5,t}, \hat{k}_{t}\}$$

对数线性化过程如下：

线性化式（3A1）得到：

$$\hat{\lambda}_{1,t} = -\phi\hat{c}_{1,t} \qquad (3C1)$$

$$\hat{\lambda}_{2,t} = -\phi\hat{c}_{2,t} \qquad (3C2)$$

$$\hat{\lambda}_{3,t} = -\phi\hat{c}_{3,t} \qquad (3C3)$$

线性化式（3A2）得到：

$$\frac{1}{q_{ss}h_{1,ss}\lambda_{1,ss}}(-\hat{h}_{1,t}) = \beta d(\hat{q}_t + \hat{\lambda}_{1,t+1} + \hat{r}_t) - \beta(\hat{q}_{t+1} + \hat{\lambda}_{1,t+1})$$

$$+ (1-d)(\hat{\lambda}_{1,t} + \hat{q}_t) \tag{3C4}$$

$$\frac{1}{q_{ss}h_{2,ss}\lambda_{2,ss}}(-\hat{h}_{2,t}) = \beta d(\hat{q}_t + \hat{\lambda}_{2,t+1} + \hat{r}_t) - \beta(\hat{q}_{t+1} + \hat{\lambda}_{2,t+1})$$

$$+ (1-d)(\hat{\lambda}_{2,t} + \hat{q}_t) \tag{3C5}$$

$$\frac{1}{q_{ss}h_{3,ss}\lambda_{3,ss}}(-\hat{h}_{3,t}) = \beta d(\hat{q}_t + \hat{\lambda}_{3,t+1} + \hat{r}_t) - \beta(\hat{q}_{t+1} + \hat{\lambda}_{3,t+1})$$

$$+ (1-d)(\hat{\lambda}_{3,t} + \hat{q}_t) \tag{3C6}$$

线性化式（3A3）得到：

$$\hat{\lambda}_{4,t} = -\phi\hat{c}_{4,t} \tag{3C7}$$

$$\hat{\lambda}_{5,t} = -\phi\hat{c}_{5,t} \tag{3C8}$$

线性化式（3A4）得到：

$$\frac{1}{q_{ss}h_{4,ss}\lambda_{4,ss}}(-\hat{h}_{4,t}) = \beta d(\hat{q}_t + \hat{\lambda}_{4,t+1} + \hat{r}_t) - \beta(\hat{q}_{t+1} + \hat{\lambda}_{4,t+1})$$

$$+ (1-d)(\hat{\lambda}_{4,t} + \hat{q}_t) \tag{3C9}$$

$$\frac{1}{q_{ss}h_{5,ss}\lambda_{5,ss}}(-\hat{h}_{5,t}) = \beta d(\hat{q}_t + \hat{\lambda}_{5,t+1} + \hat{r}_t) - \beta(\hat{q}_{t+1} + \hat{\lambda}_{5,t+1})$$

$$+ (1-d)(\hat{\lambda}_{5,t} + \hat{q}_t) \tag{3C10}$$

线性化式（3A5）得到：

$$\hat{k}_{4,t+1} = \hat{\lambda}_{4,t+1} - \hat{\lambda}_{4,t} + \hat{y}_{t+1} \tag{3C11}$$

$$\hat{k}_{5,t+1} = \hat{\lambda}_{5,t+1} - \hat{\lambda}_{4,t} + \hat{y}_{t+1} \tag{3C12}$$

线性化式（3.17）得到：

$$h_t - h_{t-1} = \gamma_1\hat{q}_{t+1} \tag{3C13}$$

由式（3.19）线性化得到：

$$\hat{s}_t = \alpha \hat{r}_{kt} + (1-\alpha) \hat{w}_t \qquad (3C14)$$

根据式（3.4）得到：

$$\hat{r}_{k,t} = (\alpha - 1) \hat{k}_t \qquad (3C15)$$

$$\hat{w}_t = \frac{y_{ss}}{w_{ss} l_{ss}} \left(\hat{y} - \hat{r}_{k,t} \frac{k_{ss}}{y_{ss}} \right) \qquad (3C16)$$

线性化式（3.4）得到：

$$\hat{w}_{1,t} w_{1,ss} l_{ss} + \hat{b}_{1,t} b_{1,ss} = \hat{c}_{1,t} \left(\frac{w_{1,ss} l_{ss}}{5} - (r_{ss}-1) b_{1,ss} \right)$$
$$+ \hat{q}_t (\hat{h}_{1,t} - \hat{h}_{1,t-1}) q_{ss} h_{1,ss} + r_{ss} \hat{b}_{1,t-1} b_{1,ss} \qquad (3C17)$$

$$\hat{w}_{2,t} w_{2,ss} l_{ss} + \hat{b}_{2,t} b_{2,ss} = \hat{c}_{2,t} \left(\frac{w_{2,ss} l_{ss}}{5} - (r_{ss}-1) b_{2,ss} \right)$$
$$+ \hat{q}_t (\hat{h}_{2,t} - \hat{h}_{2,t-1}) q_{ss} h_{2,ss} + r_{ss} \hat{b}_{2,t-1} b_{2,ss} \qquad (3C18)$$

$$\hat{w}_{3,t} w_{3,ss} l_{ss} + \hat{b}_{3,t} b_{3,ss} = \hat{c}_{3,t} \left(\frac{w_{3,ss} l_{ss}}{5} - (r_{ss}-1) b_{3,ss} \right)$$
$$+ \hat{q}_t (\hat{h}_{3,t} - \hat{h}_{3,t-1}) q_{ss} h_{3,ss} + r_{ss} \hat{b}_{3,t-1} b_{3,ss} \qquad (3C19)$$

$$\hat{w}_{4,t} w_{4,ss} l_{ss} + \hat{b}_{4,t} b_{4,ss} = \hat{c}_{4,t} \left(\frac{w_{4,ss} l_{ss}}{5} - (r_{ss}-1) b_{4,ss} - i_{4,ss} \right)$$
$$+ \hat{q}_t (\hat{h}_{4,t} - \hat{h}_{4,t-1}) q_{ss} h_{4,ss} + r_{ss} \hat{b}_{4,t-1} b_{4,ss} \qquad (3C20)$$

$$\hat{w}_{4,t} w_{4,ss} l_{ss} + \hat{b}_{4,t} b_{4,ss} = \hat{c}_{4,t} \left(\frac{w_{4,ss} l_{ss}}{5} - (r_{ss}-1) b_{4,ss} - \frac{i_{ss}}{2} \right)$$
$$+ \hat{q}_t (\hat{h}_{4,t} - \hat{h}_{4,t-1}) q_{ss} h_{4,ss} + r_{ss} \hat{b}_{4,t-1} b_{4,ss} \qquad (3C21)$$

$$\hat{w}_{5,t} w_{5,ss} l_{ss} + \hat{b}_{5,t} b_{5,ss} = \hat{c}_{5,t} \left(\frac{w_{5,ss} l_{ss}}{5} - (r_{ss}-1) b_{5,ss} - \frac{i_{ss}}{2} \right)$$
$$+ \hat{q}_t (\hat{h}_{5,t} - \hat{h}_{5,t-1}) q_{ss} h_{5,ss} + r_{ss} \hat{b}_{5,t-1} b_{5,ss} \qquad (3C22)$$

线性化式（3.9）得到：

$$\hat{h}_{1,t}^{s} = \nu'(\hat{q}_{t+1} - \hat{q}_t) \tag{3C23}$$

$$\hat{h}_{2,t}^{s} = \nu'(\hat{q}_{t+1} - \hat{q}_t) \tag{3C24}$$

$$\hat{h}_{3,t}^{s} = \nu'(\hat{q}_{t+1} - \hat{q}_t) \tag{3C25}$$

$$\hat{h}_{4,t}^{s} = \nu'(\hat{q}_{t+1} - \hat{q}_t) \tag{3C26}$$

$$\hat{h}_{5,t}^{s} = \nu'(\hat{q}_{t+1} - \hat{q}_t) \tag{3C27}$$

第4章 "政府+市场"模式下住房保障政策分析

4.1 中国城镇不同群体的住房状况

我国的城镇人口按照户籍划分，可以分为四类：本地非农户籍人口、本地农村户籍人口、外地非农户籍人口、外地农村户籍人口。根据国家统计局 2005 年全国 1% 人口统计调查数据显示，我国本地非农户籍人口占 49.3%，本地农村户籍人口占城镇人口的 27%，外地非农户籍人口占 10.4%，外地农村户籍人口占 13.3%（见图 4-1）。图 4-2 给出了我国的城镇不同户籍人口的收入水平，其中外地非农户籍人口收入最高，外地农村户籍人口的收入也较高，而本地农村户籍人口收入最低。

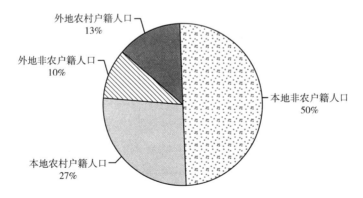

图 4-1 我国的城镇人口按照户籍划分比例

资料来源：国家统计局 2005 年全国 1% 人口统计调查数据。

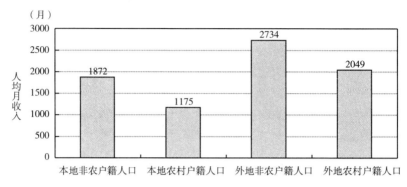

图 4 - 2　不同城镇户籍人口的人均收入水平

资料来源：刘琳等. 我国城镇住房保障制度研究. 中国计划出版社，2010.

　　如图 4 - 3 所示，根据 2005 年 1% 人口调查数据，我国城镇人口人均住房建筑面积为 28.42 平方米，其中本地非农户籍人口人均住房建筑面积为 29.7 平方米，本地农村户籍人口人均住房建筑面积为 34.5 平方米，外地非农户籍人口人均住房建筑面积为 32.5 平方米，外地农村户籍人口人均住房建筑面积为 18.5 平方米。如图 4 - 3 所示，全部城镇人口中本地农村户籍人口的住房条件最好，而外地农村户籍人口的住房条件最差。

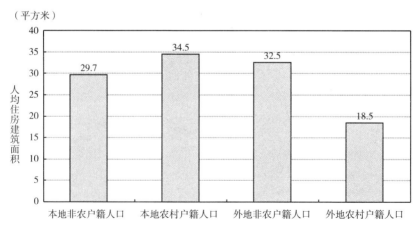

图 4 - 3　不同城镇户籍人口的人均住房水平

资料来源：国家统计局 2005 年全国 1% 人口统计调查数据。

目前全国各地的住房保障政策保障的对象基本都是城镇户籍人口，仅有个别城市把非本地户籍人口包括到住房保障政策中，如深圳、重庆和青岛等。这也就意味着接近 1/4 的城镇人口没有包含到保障住房政策中。外地非农户籍人口的平均工资在城镇不同人群中是收入最高，为每月 2734 元（见图 4 - 2），根据国家统计局 2005 年 1% 人口调查数据给出的一居室市场价租金计算的租金收入比为 11.3%，按两居室的市场租金计算的租金收入比为 20.1%，说明外地非农户籍人口的住房支付能力很强，而且拥有自有住房的比例为 55%，市场租赁住房的比例为 25%。另外，非本地户籍农村人口（以农民工为主）的平均月收入为 2049 元，但平均住房建筑面积仅为 18.5 平方米，根据国家统计局 2005 年 1% 人口调查数据给出的一居室市场价租金计算的租金收入比为 15.1%，按两居室的市场租金计算的租金收入比为 26.1%。根据刘琳等（2010）的估计，农民工有半数无法按市场价租住住房，由于农民工并不在住房保障政策的保护范围内，又没有非本地户籍城市人口的相对较高的收入，因此很多只好租住在快速城镇化过程中形成的"城中村"①。

我国住房改革以来，城镇的户籍人口城镇户籍人口的住房问题主要通过自建、购买或租赁公房来解决，到住房市场租赁住房的比例仅为 2.6%。如图 4 - 4 所示，根据 2005 年 1% 人口调查数据，在城镇非农户籍人口中，32.3% 通过购买原公有住房，19.6% 通过购买商品房，19.4% 通过自建住房，12.3% 租赁公有住房，9.1% 通过购买经济适用房，2.5% 通过租赁市场住房来解决住房问题。因此，尽管城镇非农户籍人口的收入并不高，月收入仅有 1872 元，但 43.3% 通过购买或租住原有公房解决了住房问题，而且最低收入的住房自有率也超过了 70%（刘琳等，2010）。

---

① "城中村"是指在城市高速发展的进程中，由于农村土地全部被征用，农村集体成员由农民身份转变为居民身份后，仍居住在由原村改造而演变成的居民区，或是指在农村村落城市化进程中，由于农村土地大部分被征用，滞后于时代发展步伐、游离于现代城市管理之外的农民仍在原村居住而形成的村落，亦称为"都市里的村庄"。

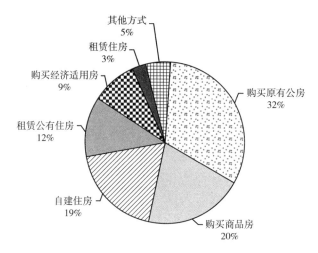

图 4 - 4　城镇户籍人口不同住房来源比例

资料来源：国家统计局 2005 年全国 1% 人口统计调查数据。

4.2　中国住房保障政策

　　中国的保障性住房主要包括：经济适用房、廉租房和公租房等。住房保障政策早在 1994 年国务院颁布《关于深化城镇住房制度改革的决定》中就有涉及，当时确立了在全国范围内住房社会化、商品化的改革方向，同时要求建设"安居工程"，将住房商品化与住房保障体系建设结合起来。其中安居工程的建设模式为：土地由政府划拨，建设资金主要为公积金，同时鼓励通过银行信贷分期支付房款。1998 年推出货币化住房改革时，中央政府就提出要建立和完善以经济适用住房为主的住房供应体系，对不同收入家庭实行不同的住房供应政策。最低收入家庭租赁由政府或单位提供的廉租住房；中低收入家庭购买经济适用住房；其他收入高的家庭购买、租赁市场价商品住房。当时的设想是以经济适用房为主解决城镇常住中低收入群体住房问题，因此政策目标覆盖人群超过总人口的半数。但由于经济适用房的购买对象界定不清，尤其是政府在审核过程中监管不力，使得经济适用房已经逐渐偏离了当时为解决中低收入人群住房问题的政策目标。2003 年国务院颁布《国务院关于促进房地产市场持续健康发展的通知》（以下简称《通知》），正式提出逐步实现多数家庭购买或承租普通商品住房，缩小了保障性住房的覆盖范围，并把经济适用房定义为具有保障性质的商品性住房。经济适用房已经逐渐从住房保障政策的主体变成介于商品房和保障房之间的尴尬身份。另外，还提出政府应该主导廉租住房建设，以财政预算资金为主进行建设，明确了最低收入家庭以发放租赁补贴为主、实物配租和租金核减为辅的住房保障原则，同时《通知》中还明确提出要调整住房供应结构，从以经济适用房为主的供应结构逐步实现多数家庭购买或承租普通商品住房。2007 年，由于房地产价格持续快速上涨，为解决城市低收入家庭的住房困难，国务院又发布《国务院关于解决城市低收入家庭住房困难的若干意见》（以下简称《意见》），要求加大廉租住房保障投入，明确廉租住房保障工作目标，同时明确土地出让净收益用于廉租住房保障资金的比例不得低于 10%，首次将廉租房明确为住房保障政策的重点。另外，《意见》还明确了住房保障政策的执行主体，省级人民政府对住房保障性政策的落实工作负总责，但住房保障政策的实施是由市一级人民政府负责，省级政府负责对所属城市人民政府实行目标责任制管理，并把解决城市低收入家庭住房困难纳入对城市人民政府的政绩考核之中。根据《国务院关于解决城市低收入家庭住房困难的若干意见》的规定，2007 年财政部制定了《廉租住房保障资金管理办法》，旨在规范廉租住房保障资金管理，提高廉租住房保障资金使用效益，确保廉租住房保障资金专款专用。截至 2010 年年底，我国城镇人均住房建筑面积由改革初期的 6.7 平方米提高到了 30 多平方米；通过保障性住房建设和棚户区改造，以实物方式解决了约 2200 万户城镇低收入和中等偏下收入家庭的住房困难问题。保障性住房覆盖率达到 9.8%；加上发放租赁补贴的 400 万户，覆盖率达 11.7%①。尽管如此，保障性住房的建设仍然和政府在住房保障政策推出时的设想相去甚远。在保障性住房建设过程中，始终存在重目标轻结果的倾向，即中央政府

---

① 2011 年 4 月 8 日，住房和城乡建设部副部长齐骥接受记者采访时提供的数据。

在建设伊始总是雄心勃勃，但是地方政府保障性住房建设的实际开工率和投入使用面积却很低。

4.3 "政府＋市场"模式下住房保障政策的博弈分析

本节试图建立一个包括中央政府、地方政府和开发商的博弈模型，讨论博弈各方在住房保障政策实施过程中的动态博弈过程，从而为政府的住房保障建设提出建议和理论依据。

4.3.1 "政府＋市场"模式下住房保障政策博弈模型

保障性住房建设博弈中的参与者包括：中央政府、地方政府和房地产开发商。中央政府的目标是社会福利最大化，中央政府是住房保障体系建设的主导者。中央政府通过制定相关的住房保障政策，从而规定和监督地方政府实施并建设住房保障体系建设，从而解决中低收入家庭的住房问题，实现"居者有其屋"的最终政策目标。地方政府是住房保障政策的实际实施者，一方面监督房地产商最终完成保障性住房的建设；另一方面接受中央政府的监督，同时按照住房保障政策将保障性住房按照政策规定分配给中低收入家庭。开发商本身是一个以盈利为目的的市场化的企业，是保障性住房的提供者，因此，只有在保障性住房项目的盈利大于开发商自身的其他项目盈利水平时，开发商才会积极参与到保障性住房建设中。

（1）中央政府。

中央政府确定住房保障政策和地方政府的 GDP 指标，中央政府的目标是保证经济增长，同时完成保障性住房政策的建设，因此定义中央政府的目标函数为：

$$\max: U_c = y + \gamma h \tag{4.1}$$

其中，y 表示经济增长，h 表示保障型住房的建设数量，γ 表示政府目标函数对住房保障政策的权重。在制定相关政策后,还需要监督地方政府的落实情况,但是,中央政府并不能对地方政府实施政策的努力程度进行监督,而只能通过能够观察到的变量进行间接的监督。因此,假定中央政府对地方政府的考核机制如下:

$$q = q_1 + \gamma q_2 \tag{4.2}$$

其中,q 代表中央政府对地方政府进行考核的指标构成:q_1 代表地方的 GDP 指标,q_2 代表保障性住房的建设数量。另外,由于保障性住房的建设是需要财政投入的,中央政府还需确定对地方财政的支持数额 S。

（2）地方政府。

地方政府作为中央政府代理,其目标是追求地方财政最大化和在中央政府的考核机制中得分最大化:

$$\max : U_c = \ln(q) \tag{4.3}$$

假设地方政府的基本财政支出为 E,不实施住房保障政策的地方财政收入为 $\bar{f}_m$,$\bar{p}_m$ 为不实施住房保障政策的房地产市场价格。因此地方政府的财政收入必须大于其基本财政支出:

$$f = \bar{f}_m - (\bar{p}_m - p)h \geqslant E - S$$

因此,$h \leqslant \dfrac{\bar{f}_m - E + S}{(\bar{p}_m - p)}$。

（3）开发商。

开发商是理性经济个体,以经济利益最大化为目标,因此,只有当在保障性住房项目的盈利大于开发商自身的其他项目盈利水平时,开发商才参与到保障性住房建设中。开发商的利润函数为:

$$\text{Profit} = ph - c \tag{4.4}$$

其中,p 为政府对保障性住房的定价,c 为房地产开发的土地成本,p_m 为实施保障性住房政策情形下的房地产市场价格。因此,只有下式满足时，房地产才会供给保障性住房，即：

$$ph - c \geqslant p_m h - c_m \tag{4.5}$$

4.3.2 "政府＋市场" 模式下住房保障政策动态博弈分析

首先，中央政府在博弈开始时，确定住房保障政策以及对地方政府进行监督的激励机制。地方政府组织住房保障政策的实施，最终由开发商完成保障性住房的建设。中央政府在过程中对地方政府进行监督。开发商决定是否参与保障性住房的建设。在开发商供给保障性住房的情况下，地方政府决定保障性住房的数量。假设地方政府规划的保障性住房数量为 h，地方政府必然会使得土地财政最大化，因此地方政府供给土地的价格必然为：

$$c = c_m - (p_m - p)h \tag{4.6}$$

即地方政府承担了保障性住房建设的成本。但同时，地方政府还承担着推动地方经济增长的责任。假设商品房市场的需求曲线可表述为：

$$p_m = a - h_m \tag{4.7}$$

假设住房保障政策的实施解决的是中低收入群体的住房问题，因此会部分地影响商品房市场的需求。政府住房保障政策的野心越大，想要覆盖的人群越广，对商品房市场的需求越大，因此假设住房保障政策会减少的市场需求为 rh。在政府推出住房保障政策后，商品房的市场价格为：

$$p_m = a - h_m - rh \tag{4.8}$$

假设不实施住房保障政策的地方 GDP 为 y_m，因此地方政府的 GDP 为：

$$y = y_m + p_m(h_m - rh) - \bar{p}_m h_m + ph \tag{4.9}$$

因此，地方政府最大化目标函数得到：

$$\max : q = y_m + p_m (h_m - rh) - \bar{p}_m h_m + ph + \gamma h \qquad (4.10)$$

$$\text{s. t. } : h \leqslant \frac{\bar{f}_m - E + S}{(\bar{p}_m - p)}$$

因此，地方政府的最优选择为：

$$h = \frac{p + \gamma - ar}{2r^2} \qquad \text{if } \frac{\bar{f}_m - E + S}{(\bar{p}_m - p)} > \frac{p + \gamma - ar}{2r^2} \qquad (4.11)$$

$$h = \frac{\bar{f}_m - E + S}{(\bar{p}_m - p)} \qquad \text{if } \frac{\bar{f}_m - E + S}{(\bar{p}_m - p)} \leqslant \frac{p + \gamma - ar}{2r^2} \qquad (4.12)$$

因此，经过前面的分析可以看到，通过上述的分析我们可以看出，如果仅仅考虑到经济效益，当中央政府对于地方政府实施住房保障政策的具体情况没有监督机制，不论中央政府是否推出住房保障政策，地方政府都会选择消极应对，从而在考核机制中利益最大化。在地方政府财政负担较重时，地方政府的保障性住房建设最优选择和 γ 无关，即地方政府的保障性住房建设的数量与中央政府是否考核保障性住房建设无关。而在财政负担小且预算充足的情况下，地方政府的建设保障性住房的最优数量取决于 γ、r、p，即保障性住房的定价、中央政府对保障性住房建设的考核权重、保障性住房对市场需求的挤出相关。对于经济适用房项目，地方政府免收土地出让金，其他应征收的各项收费都减免 50%，但是对成交价格、面积和开发企业的利润进行限制。这样不仅开发商参与经济适用房建设的积极性并不高，而且地方政府的财政收入也会相应的减少。但是地方政府建设廉租房不仅会损失土地出让金收入，而且还需要承担廉租房高昂的开发成本。因此，地方政府在应对中央政府的保障性住房建设任务时，会选择建设成本更低的经济适用房而忽略廉租房。因此经过多次的政策调整，目前廉租房制度已经成为我国保障性住房制度的主体，但是在缺乏严格的监督和考核机制下，中央政府很难调动地方政府建设廉租房的积极性。过去地方政府的考核指标主要是以经济增长来衡量，并没有考虑到廉租房的建设和实施情况，使得廉租房的供应和建设缓慢。而通过本节的动态博弈分析可知，首先要保证地方政府的财政可支付，作为住房保障政策的最终实施者才会选择建设。然后在地方政府的考核机制 q 中加大 q_2 的权重，即加大保障性住房在考核机制中的权重，则在财政可支付的情况下，地方政府就会积极建设而不会消极面对。因此，必须将住房保障政策尤其是廉租房建设的实施情况纳入对地方政府的考核机制中。而且在考核指标方面，应选取考核住房保障政策的实施效果的指标，如新增廉租房保障户数，或者廉租房的新增面积，而不是"开工率"等考核保障性住房建设进度标准的指标。

4.4　中国住房保障政策的问题及建议

4.4.1　合理且长期的政策目标

在住房制度改革开始前，对住房的建设、分配和维护全部由政府承担。随着政府的财政负担越来越重，政府无法继续原有的住房福利政策。然后，政府逐步实现住房的货币化和市场化，并通过住房制度改革，使大部分居民拥有了自住房，最终实现"居者有其屋"的目标。在货币化住房改革伊始，中央政府的设想是以经济适用房为主解决城镇常住中低收入群体住房问题，因此政策目标覆盖人群超过总人口的半数。但中央政府对于经济适用房的购买对象界定不清，尤其是地方政府在审核过程中监管不力，使得经济适用房已经逐渐偏离了最初推出时为解决中低收入人群住房问题的政策目标。2003 年政府缩小了保障性住房的覆盖范围，从以经济适用房为主的供应结构转变为多数家庭购买或承租普通商品住房，并把经济适用房定义为具有保障性质的商品性住房。但是占全部家庭总数 20% 的低收入家庭根本支付不起在很多城市经济适用房的价格，低收入家庭只能通过政府提供的廉租房或者实行租金补贴等方式解决住房问题，能够购买得起经济适用房的家庭基本属于中等收入以上家庭。从而使得经济适用房在实际操作中失去了其社会保障性质而更多地具有商品房性质。经济适用房在保障房和商品房之间的模糊定位，使得地方政府更愿意鼓励经济适用房的兴建，从而导致地方政府兴建经济适用房和廉租房的比例严重失衡。2007 年政府再次调整了经济适用房的政策定位，重新把经济适用房定义为具有保障性质的政策性住房，政策覆盖人群也从中低收入家庭转变为城市低收入住房困难家庭。因此，政府在实施住房保障政策的过程中，必须制定长期可行的政策目标，确定合理的覆盖人群，从而逐步实现社会的住房公平。

中国的住房制度改革的发展进程和取得的成果与英国有着相似之处。在 1919 年之前英国的住房市场几乎完全由市场化，第一次世界大战后在 "Homes fit for heroes" 口号推动下出台的住宅法，旨在为战争中返乡的士兵们解决住房问题，政府大规模向社会提供保障性住房，从而建立了一套解决中低收入人群住房问题的住房制度。住宅法规定由当地的政府或议会确定所有房屋出租的房租，政府通过出资新建房屋或者直接收购私人房屋然后再出租给中低收入家庭的方式，解决社会中出现的住房紧张问题。但是，随着英国的经济增长放缓和战后的婴儿潮的出现，政府的财力越来越无法承担如此庞大的支出。1975 年，英国租住政府公房的人数占到总人口的 31%；到 1985 年，享受各种租金减免的住户更是达到 750 万户，享受各种减免总额高达 41.6 亿英镑，使得政府无法继续维持原有的住房福利制度（陈杰，2008）。最终，在撒切尔夫人推动的 "Right to Buy" 运动下，英国政府将大量的公有住房私有化，允许居住在保障性住房中的居民购买此房产，并根据不同的居住时间给予不同的折扣，这一政策大大缓解了英国政府的财政压力，也提高了英国的房屋拥有率。回顾英国的住房政策改革的历史可以看到，短期内推出庞大的住房保障政策会给政府增加巨大的财政压力，最终不得不将公有住房私有化来解决政府的财政支出压力。如前面的分析，地方政府作为一个决策主体必然会使得自身利益最大化，中央政府要考虑地方政府在执行政策时的可操作性，过分地要求地方政府完成政策目标，只会导致更多的面子工程，使得地方政府疲于应付中央的各项政策要求，从而延缓住房保障政策的实施，因此过高的目标必然导致住房保障政策实施的困难和难以为继。如前面的博弈分析，开发商只有在保障房建设的利润大于其机会成本时才会参与到其中，而且保障性住房的成本必须应由中央政府和地方政府来承担。如果仅通过建设廉租房来解决中低收入的住房问题，不仅所需资金巨大，而且建设周期将会十分漫长。因此，借鉴德国的成功经验，转变"居者有其屋"的住房政策为实现"居有其所"，即从鼓励居民购买房屋向鼓励居民租住房屋。建立合理的政策目标，做好住房保障制度的长期规划，政府从立法、金融、税收政策上培育并扶持住房租赁市场，从而避免建设保障房所需的巨大资金，还可以使住房保障覆盖的人群范围更广。

4.4.2　住房保障政策的资金来源问题

根据前面的分析可以看出，建立健全廉租住房保障制度，解决城市低收入家庭住房困难问题，重要前提条件之一是确保资金落实到位。自中国推出住房保障政策以来，政府不断明确和完善政策的保障对象和目标，但是在 2007 年以前一直没有明确保障性住房建设所需资金的来源，以及中央与地方政府各自应该承担的责任。我国廉租住房保障制度建设始于 1999 年，根据建设部 2006 年《关于城镇廉租住房制度建设和实施情况的通报》显示，1999～2006 年，全国 656 个城市中近 78% 的城市建立了廉租住房保障制度，但是廉租房建设工作进展缓慢，保障工作虽然有所推进，但由于廉租住房保障底数不清，加上各级政府财力有限等原因，廉租住房保障工作进展缓慢，只有 54.7 万户住房困难的最低收入家庭享受了廉租住房保障。

2007 年国务院颁布《国务院关于解决城市低收入家庭住房困难的若干意见》，不仅要求加大廉租住房保障投入，明确廉租住房保障工作目标，而且对廉租住房保障资金来源进行了规定。2007 年财政部出台《廉租住房保障资金管理办法》，进一步明确了廉租住房保障资金的来源渠道，对廉租住房保障资金实行专款专用以及预算管理、资金拨付、决算管理、监督检查等作出详细规定，对于确保廉租住房资金落实到位，进一步规范资金管理，提高资金使用效益，推进廉租住房保障工作的开展，将起到积极作用。根据《廉租住房保障资金管理办法》，廉租住房保障资金来源于八个方面：一是住房公积金增值收益扣除计提贷款风险准备金和管理费用后的全部余额；二是从土地出让净收益中按照不低于10%的比例安排用于廉租住房保障的资金；三是市县财政预算安排用于廉租住房保障的资金；四是省级财政预算安排的廉租住房保障补助资金；五是中央预算内投资中安排的补助资金；六是中央财政安排的廉租住房保障专项补助资金；七是社会捐赠的廉租住房保障资金；八是其他资金。

　　虽然《廉租住房保障资金管理办法》明确规定了住房保障资金的来源，但是在政府的财政支出中只明确了地方政府和中央政府在住房保障政策的责任主体，但是对于财政支出给出了定性的规定，并没有具体的严格考核机制。例如，《廉租住房保障资金管理办法》规定从土地出让净收益中按照不低于10%的比例安排用于廉租住房保障的资金，但是根据审计署2010年11月16日发布的《19个省市2007年至2009年政府投资保障性住房审计调查报告》显示，北京、上海、重庆、成都等22个城市从土地出让净收益中提取廉租住房保障资金的比例未达到上述要求，2007～2009年，这些城市共计少提取146.23亿元。随着经济体制的变迁，中央与地方政府从最初的计划经济下的"统收统支"体制转向双轨制下"划分收支，分级包干"体制，最终转变为目前市场经济下的"分税制"。在分税制改革下，地方的财政收入占国家财政总收入平均为48%，但财政支出却占国家财政总支出平均为70%（孔善广，2006），地方财政收入占全国总收入比重不断减少的同时，支出比重却不断加大。而分税制改革后城市和房地产相关的税种以及土地收益全部归地方财政所有，这也使得地方政府缺少建设保障性住房的动力。如前面分析，在地方政府财政负担较重时，地方政府的保障性住房建设最优选择和考核机制无关，即无论地方政府的保障性住房建设的数量与中央政府是否考核保障性住房建设无关。根据住房和城乡建设部估计，2011年1000万套保障房的投资资金预计达到1.3万亿元，2011年中央财政中保障性住房的补助资金为1030亿元，尽管比上年增加了265亿元，但是仍然剩余1.2万亿元需要地方政府解决。因此，在分税制改革下，中央政府一方面应该加大对保障性住房建设进行投资，以确保地方政府有能力完成保障性住房的建设；另一方面，应建立中央与地方相互依赖的财政结构。调整中央政府与地方政府关于房地产相关财税收入的分配格局，完善地方税制，消除地方政府对于土地财政的依赖程度。同时应加强中央政府对土地出让金管理的主动权，可由中央政府根据地方政府住房保障制度建设进度划拨使用，从而确保保障性住房建设的资金。

4.4.3　建立多层次的住房保障政策

　　1998 年的住房改革的初衷即推行三层住房体系，如图 4 - 5 左侧所示，即占大部分的中低收入者对应经济适用房，最低收入者对应廉租房，高收入者才对应市场商品房。但后来出于扩大内需等考虑，更多地用市场方法解决住房问题的政策，取代了偏重住房保障的意见，即优先发展房地产的产业政策。经济适用房最初被当作供应中低收入家庭房屋的主体，到 2003 年则定义为"具有保障性质的商品性住房"，经济适用房逐渐从住房保障政策的主体变成介于商品房和保障房之间的尴尬身份。2003 年后政府以廉租住房为保障性住房的主体，而大部分家庭的住房问题由市场解决。而保障性住房实际上是政府向居民的一种社会保障制度，是通过转移支付的方式实现社会收入再分配，使得低收入家庭也能够分享经济发展带来的好处，从而保证社会的公平和公正同时维护社会稳定，因此住房保障政策的覆盖范围应该是中低收入群体。

　　但是根据前面的动态博弈分析结果看出，扩大住房保障政策的覆盖范围势必会使得 r 增加，即商品房需求减少。这也是 1998 年住房制度改革不够完善的一点是全部中低收入人群的住房问题都由经济适用房来解决，没有将不同人群区别对待，使得地方政府回到消极对待住房保障政策的博弈均衡点上。在 1998 年货币化住房制度改革中建立的三层住房体系下，出现了很多的夹心层。第一类夹心层家庭介于廉租房和经济适用住房的家庭之间，既不符合享受廉租住房的资格，但同时又买不起经济适用住房。这一部分的夹心层实际上还可以细分为租不起市场价的商品房和可以负担市场价的商品房。第二类夹心层家庭属于中等收入家庭，介于购买商品房和购买廉租房的家庭之间，既不符合享受经济适用房的资格，但同时又买不起商品住房。因此，我国的住房保障政策需要分层次采用不同方式解决不同收入阶层的住房问题，不仅通过公租房和经济适用房解决中低收入家庭的住房问题，还应鼓励中低收入家庭通过租赁市场解决住房问题。在解决低收入者住房问题的同时，必须建立多层次住房保障体系。如图 4－5 所示，将低收入群体进行细分，以城镇居民人均可支配收入平均水平为衡量标准，确定不同层次的保障性住房覆盖人群，针对不同覆盖人群采取不同的住房保障政策。

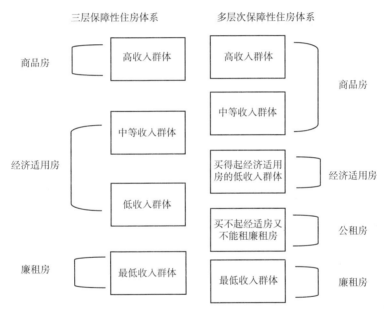

图 4－5 多层次的住房保障体系

第5章　中国房地产价格波动与政府宏观调控分析

自 1998 年中国实行货币化住房制度后，中国的房地产市场得到了快速发展，房地产投资增速平均都超过固定资产投资增速。房地产逐渐成为国民经济的支柱产业，不仅带动了房地产业的快速发展，也促进了GDP 的高速增长，带动了钢铁、水泥、建材、化工、装饰、家电等六十多个上下游相关产业的发展。房地产市场已不再是一个被动反映宏观经济的部门，而应该作为能够影响整体宏观经济的一部分来考虑。但是在房地产市场快速发展的同时，房地产价格总体上一直保持快速增长，由于房产是居民获得银行贷款的主要抵押品，其在经济中起到了"金融加速器"的作用，因此房地产价格的大幅波动会增加整体经济的风险。另外，房地产价格的过快上涨，也使得中国的住房问题从住房紧张变为居民的住房支付能力不足。因此，不论是上涨还是下跌，房地产价格变动幅度过大，都会对整体宏观经济和社会福利产生巨大的影响。中国的住房货币化改革至今已经十几年，尽管取得了一些成就，但是过程中争议仍然很大。为了稳定房地产市场从而保证整体宏观经济的平稳，中国政府也出台多项政策，针对房地产市场进行宏观调控，如推出土地出让的招拍挂制度，多次调整金融机构贷款利率和房地产抵押贷款的首付比例等。房地产市场调控已成为我国国家宏观调控的重要内容之一，但房地产价格仍然快速上涨。本章首先对造成房地产价格波动的主要原因进行研究，进而基于这些影响房地产价格的主要原因，研究政府应该如何更好地对房地产市场进行调控。

5.1 带有房地产部门 DSGE 模型

本节基于动态随机一般均衡模型框架，在代表性家庭的效用函数中引入房地产消费，在理论模型中引入房地产生产部门，并把房地产作为代表性家庭获得贷款的唯一途径，从而构建带有房地产生产和消费以及房地产抵押贷款的动态随机一般均衡模型，为分析房地产价格与中国货币政策的关系提供一个可操作的分析框架。虽然动态随机一般均衡模型已经成为国际上宏观研究的主要工具，但已有的基于动态随机一般均衡模型对房地产市场的研究大多停留在参数校准的方法上。自 RBC 理论提出后，校准方法一直是动态随机一般均衡模型参数选取的主要方法，在模型校准的过程中，一般采用来自微观计量的研究成果来选取模型参数的值；随着计算机技术的发展，动态随机一般均衡模型参数选取逐渐开始采用极大似然估计以及贝叶斯估计的方法（徐高，2008）。贝叶斯估计方法可以充分利用观测数据中所含的信息，从而弥补参数校准更大限度地利用已有数据信息。因此，基于 1998 ~ 2010 年中国的季度数据和贝叶斯估计方法，本章建立了包括家庭、厂商、银行、政府以及房地产部门的动态随机一般均衡模型，并在此模型的基础上针对中国房地产价格和政府宏观调控的以下具体问题进行研究：以具有微观基础的带有房地产部门的结构化模型为基础，研究不同因素在不同时期对中国房地产价格波动的贡献，分解出造成中国房地产价格波动的主要原因，并对相关的房地产市场宏观调控进行研究。

5.1.1 模型的建立

为研究房地产部门、宏观经济以及货币政策之间的关系，在动态随机一般均衡模型框架下引入技术、工资加成、房地产偏好、房地产成本、信贷约束和货币政策等冲击对房地产价格以及宏观经济的影响。假设经济中存在六个部门：代表性家庭、代表性最终产品生产商、连续统

的垄断竞争的中间产品生产商、完全竞争的银行中介、垄断竞争的房地
产生产商和中央银行。下面具体介绍六部门的行为方式：

5.1.1.1　代表性家庭

经济中存在无穷同质且无限存在的家庭，总测度为 1。每一家户都
极大化其贴现效用和：

$$E_0 \sum_{t=0}^{\infty} \beta^t U\left(c_t - bc_{t-1}, h_t, l_t, \frac{M_t}{P_t}\right) \tag{5.1}$$

代表性家庭的即期效用为：

$$U_t = \frac{(c_t - bc_{t-1})^{1-\phi}}{1-\phi} + \varepsilon_t^p p \frac{h_t^{1-\phi_h}}{1-\phi_h} - \frac{l_t^{1+\eta}}{1+\eta} + \frac{1}{1+\gamma}\left(\frac{M_t}{P_t}\right)^{1+\gamma} \tag{5.2}$$

其中，$0 < \beta < 1$，为代表性家庭的跨期贴现率；$\frac{M_t}{P_t} = m_t$ 为 t 时期代
表性家庭的真实货币余额；c_t 为 t 时期代表性家庭的非房产消费，参数
b 表示代表性家庭的习惯形成（Internal Habit Formation）[①]；在代表性家
庭的效用函数中引入房地产消费 h_t；选取 $\phi = \phi_h = 1$，因此代表性家庭
对房地产和非房地产消费的偏好为对数线性形式；l_t 为 t 时期代表性家
庭的劳动供给。p 是房地产偏好冲击参数，而 ε_t^p 表示代表性家庭的房
地产偏好冲击，服从 AR（1）过程：

$$\varepsilon_t^p = \rho_{\varepsilon p} \varepsilon_{t-1}^p + e_t \tag{5.3}$$

其中 $\rho_{\varepsilon p}$ 为自回归系数，e_t 服从均值为 0、方差为 σ_p^2 的，独立同分
布的随机过程。家庭的预算约束如下：

$$\frac{M_{t-1}}{P_t} + d_t q_{t+1} h_t \frac{\pi_{t+1}}{R_t} + \frac{W_t}{P_t} l_t + R_t^k u_t \bar{k}_t^a$$

[①] McCallum 和 Nelson（1999）、Fuhrer（2000）和 Christiano、Eichenbaum 和 Evans
（2005）指出，具有习惯形成的代表性家庭效用对理解货币传导机制很重要，传统的时间可分
的偏好在正的货币冲击下不能产生对实际利率的持续下降，以及消费的驼峰状的上升。

$$\geqslant c_t + \frac{M_t}{P_t} + d_{t-1}q_t h_{t-1} + (h_t - h_{t-1}) + a(u_t)k_t^a + i_t \tag{5.4}$$

资本积累的动态方程如下：

$$k_{t+1}^a = (1-\delta)k_t^a + i_t\left[1 - S\left(\frac{i_t}{i_{t-1}}\right)\right] \tag{5.5}$$

$S(\cdot)$ 是调整成本方程，$1 - S\left(\frac{i_t}{i_{t-1}}\right)$ 则表示过去的投资转化为现有资本的技术。u_t 代表 t 时期代表性家庭的资本利用率：

$$u_t = k_{t-1}^a / \bar{k}_{t-1}^a \tag{5.6}$$

$\bar{k}_{t-1}^a$ 为 $t-1$ 期末的资本存量。我们假设在 u_t 的利用率下，资本的成本为 $a(u_t)k_{t-1}^a$。同时资本会被投入房地产部门和非房地产部门①的生产中：

$$k_t^a = k_t + k_t^h \tag{5.7}$$

运用 Erceg，Henderson 和 Levin（2000）的方法，引入工资名义刚性②。与卡尔沃（1983）价格定价机制相似，家庭是差异性劳动 l_{jt} 的垄断供给者，而差异性劳动 l_{jt} 则由一个处于完全竞争的企业，将其转化为最终的作为中间品生产商投入的劳动 L_t，技术如下：

$$L_t = \left[\int_0^1 l_{jt}^{\frac{\theta_w-1}{\theta_w}}\mathrm{d}j\right]^{\frac{\theta_w}{\theta_w-1}} \tag{5.8}$$

在每一期，调整价格的家庭是随机抽取的，都有部分家庭不能最优化价格在 ε_w 的概率下家庭可以最优化它的名义工资 $\tilde{W}_t$；而在 $1-\varepsilon_w$ 的概率下，仅仅依照简单的规律确定名义工资，即 $W_{jt} = \pi_{t-1}W_{j,t-1}$。

---

① 1998 年"房改"以来，房地产开发投资占社会固定资产总投资的比例一直稳定在 20%～30% 之间，因此本书假定社会资本分配到房地产部门和非房地产部门的比例是固定的。

② 本书按照 Erceg，Henderson 和 Levin（2000）、Christiano，Eichenbaum 和 Evans（2005）的方式引入工资的名义刚性。

$$W_t = e^{\varepsilon_t^w} \big[(1 - \varepsilon_w) (\tilde{W}_t)^{1-\theta} + \varepsilon_w (\pi_{t-1} W_{t-1})^{1-\theta} \big]^{\frac{1}{1-\theta}} \qquad (5.9)$$

其中，ε_t^w 表示工资加成冲击，服从 AR（1）过程：

$$\varepsilon_t^w = \rho_{\varepsilon w} \varepsilon_{t-1}^w + e_t^w \qquad (5.10)$$

$\rho_{\varepsilon w}$ 为自回归系数，e_t^w 服从均值为 0、方差为 $\sigma_{\varepsilon w}^2$ 的，独立同分布的随机过程。关于家庭最优化时的名义工资 $\tilde{W}_t$ 的一阶条件为：

$$0 = E_t \sum_{s=0}^{\infty} (\beta \varepsilon_w)^s \lambda_{t+s} l_{j,t+s} \left(\frac{\tilde{W}_t \prod_{k=1}^{s} \pi_{t+k}}{P_{t+s}} + \frac{U_{l,t+s}}{\lambda_{t+s} q_\omega} \right) \qquad (5.11)$$

5.1.1.2 最终品生产部门

最终的消费品 y_t，由完全竞争的厂商生产。我们假设最终品生产厂商将连续统的中间品 y_{jt}，转换为最终产品 y_t，生产技术为：

$$y_t = \left[\int_0^1 y_{jt}^{\frac{\theta-1}{\theta}} \mathrm{d}j \right]^{\frac{\theta}{\theta-1}} \qquad (5.12)$$

其中 $1 \le \theta < \infty$，P_t 和 P_{jt} 分别表示 t 时期消费品和最终的消费品 j 的价格，θ 表示消费品 j 之间的替代弹性。最终品生产厂商在（5.12）的约束下最大化利润：

$$\max_{Y_{jt}} \left\{ \left[\int_0^1 y_{jt}^{\frac{\theta-1}{\theta}} \mathrm{d}j \right]^{\frac{\theta}{\theta-1}} - \int_0^1 P_{jt} y_{jt} \mathrm{d}j \right\} \qquad (5.13)$$

由一阶条件，我们得到：

$$y_{jt} = \left[\frac{P_{jt}}{P_t} \right]^{-\theta} y_t \qquad (5.14)$$

把式（5.14）代入式（5.12），我们可以得到最终消费品和中间品价格之间的关系：

$$P_t = \left[\int_0^1 P_{jt}^{1-\theta} \mathrm{d}j \right]^{\frac{1}{1-\theta}} \qquad (5.15)$$

5.1.1.3　中间品生产厂商

连续统的中间品 $j \in (0, 1)$ 由垄断竞争厂商在下面的技术下生产：

$$y_{jt} = \begin{cases} z_t k_{jt}^{\alpha} L_{jt}^{1-\alpha} - \phi & \text{if } z_t k_{jt}^{\alpha} L_{jt}^{1-\alpha} \geq \Phi \\ 0 & \text{if } z_t k_{jt}^{\alpha} L_{jt}^{1-\alpha} < \Phi \end{cases} \tag{5.16}$$

其中 $0 < \alpha < 1$，z_t 表示生产技术的外生随机冲击，k_{jt} 和 L_{jt} 表示 t 时期的用于生产中间品 j 投入的资本和劳动。参数 $\Phi > 0$ 表示每一期运转一个厂商所需的固定成本[1]。中间品生产厂商从家庭租用资本和劳动，价格分别为 $R_{k,t}$ 和 w_t。企业在 t 时期的真实边际成本如下给出：

$$s_t = \left(\frac{1}{1-\alpha} \right)^{1-\alpha} \left(\frac{1}{\alpha} \right)^{\alpha} (r_{k,t})^{\alpha} (w_t)^{1-\alpha} \tag{5.17}$$

其中，$r_{k,t} = \dfrac{R_{k,t}}{P_t}$。企业在 t 时期的利润由下面的公式给出：

$$\left(\frac{P_{jt}}{P_t} - s_t \right) P_t y_{jt} \tag{5.18}$$

假设企业按照卡尔沃（1983）价格设定机制定价。Calvo 的价格设定机制的核心思想是，企业并不是每期都最优化定价，最优化定价的机会的出现是一个外生的泊松过程。每一期，企业在 ε_p 的概率下，企业可以最优化定价，选择 $\tilde{P}_t$ 作为最优化价格[2]；而在 $1 - \varepsilon_p$ 的概率下，仅仅依照简单的规律定价，即 $P_{jt} = \pi_{t-1} P_{j,t-1}$。最终我们得到：

$$P_t = \left[(1 - \varepsilon_p)(\tilde{P}_t)^{1-\theta} + \varepsilon_p (\pi_{t-1} P_{t-1})^{1-\theta} \right]^{\frac{1}{1-\theta}} \tag{5.19}$$

5.1.1.4　中央银行

中国《银行法》规定中央银行的货币政策主要是保持人民币币值

---

[1]　Rotemberg 和 Woodford（1995）、Christiano，Eichenbaum 和 Evans（2001）指出，企业的利润平均而言应该接近于零，引入 Φ 是为了保证企业利润在稳态下为零。

[2]　因为假设所有的中间品生产商都是同一的（除了最优化定价的时间外），因此在 t 时期最优化定价的中间品生产厂商会选择相同的价格。

和宏观经济稳定，我国的货币政策不仅要考虑到通货膨胀预期，还要考虑经济增长等宏观经济指标，同时中央银行应保证货币政策的持续性和稳定性。因此在基准模型中将中央银行的货币政策定义为包含了政策延续性的泰勒规则：

$$\frac{R_t}{R_{ss}} = \left(\frac{R_{t-1}}{R_{ss}}\right)^{\rho_r} \left[\left(\frac{\pi_{t+1}}{\pi_{ss}}\right)^{\rho_\pi} \left(\frac{y_t^a}{y_{ss}^a}\right)^{\rho_y}\right]^{1-\rho_r} e^{\varepsilon_t^r} \tag{5.20}$$

其中，R_{ss}、π_{ss}和y_{ss}^a表示均衡状态下的名义利率、通货膨胀率和总产出；y_t^a则表示t期的总产出水平；ε_t^r表示货币政策冲击，服从 AR（1）过程：

$$\varepsilon_t^r = \rho_{\varepsilon r}\varepsilon_{t-1}^r + e_t \tag{5.21}$$

其中$\rho_{\varepsilon r}$为自回归系数，e_t服从均值为 0、方差为σ_r^2的，独立同分布的随机过程。中央银行发行的货币总量为M_t^a，其中一部分M_t由代表性家庭以现金的形式持有，另一部分$M_t^a - M_t$则由银行中介以存款的形式吸收，经济中总货币量的增长率为$\mu_t = M_t^a/M_{t-1}^a$。

5.1.1.5　银行中介

为了模型的简单，假设银行中介部门是完全竞争市场，银行中介作为经济中资金的协调者，从整个经济中吸收存款，然后贷款给代表性家庭和中间品生产商。银行中介从整个经济中收到$M_t^a - M_t$存款；同时为整个经济提供的总的信贷为L_t，其中包括：为代表性家庭提供贷款总额是$de^{\varepsilon_t^d}q_{t+1}h_t\frac{\pi_{t+1}}{R_t}$，$d$是银行贷款时的信贷约束①；以及为中间品生产商提供贷款$W_t L_t$。ε_t^d表示信贷信用约束冲击，服从 AR（1）过程：

$$\varepsilon_t^d = \rho_{\varepsilon d}\varepsilon_{t-1}^d + e_t^d \tag{5.22}$$

其中$\rho_{\varepsilon d}$为自回归系数，e_t^d服从均值为 0、方差为$\sigma_{\varepsilon d}^2$的，独立同分布的随机过程。

---

①　因此 $1-d$ 即代表性家庭从银行贷款时必须支付的首付比例。

银行中介实现信贷市场出清，即总信贷等于吸收的总存款：

$$W_t L_t + de^{\varepsilon_t^d} q_{t+1} h_t \frac{\pi_{t+1}}{R_t} = M_t^a - M_t \tag{5.23}$$

5.1.1.6 房地产部门

房地产作为一种消费品，在代表性家庭的效用函数中引入房地产消费。仅仅把房地产作为消费品引入不能真正研究此市场的动态性，要想研究房地产价格必须考虑需求和供给两方面，因此必须引入房地产部门的生产函数。由于房地产市场的特点，假设房地产部门是垄断竞争市场①，房地产生产部门的生产技术如下：

$$nh_t = z_{h,t} k_{h,t}^{\alpha} e^{\varepsilon_t^h} \tag{5.24}$$

其中，nh_t 表示新增房地产，$z_{h,t}$ 表示房地产生产的技术，$k_{h,t}$ 和 $l_{h,t}$ 分别表示代表性家庭投入房地产部门的资本和劳动。ε_t^h 表示土地成本和政府政策等造成的成本冲击，服从 AR（1）过程：

$$\varepsilon_t^h = \rho_{\varepsilon h} \varepsilon_{t-1}^h + v_t \tag{5.25}$$

其中 $\rho_{\varepsilon h}$ 为自回归系数，v_t 服从均值为 0、方差为 σ_v^2 的，独立同分布的随机过程。房地产的 t 期时的存量为：

$$h_t = (1 - \delta_h) h_{t-1} + nh_t \tag{5.26}$$

其中，δ_h 为房地产的折旧系数。而房地产部门的利润由下面给出：

$$\pi_{h,t} = q_t nh_{h,t} - r_{k,t} k_{h,t} \tag{5.27}$$

另外，房地产部门和非房地产部门的产出总和为整个经济的总产出：

$$y_t^a = y_t + q_t nh_t \tag{5.28}$$

---

① 从我国房地产市场的实际情况来看，主要实现居住功能的商品房本身具有很大的替代性，但是由于位置等因素的限制，又使得商品房之间或多或少存在一定的差别；而全国范围内的房地产企业上万家，进出房地产业的门槛并不高，因此中国房地产市场符合垄断竞争市场的基本特征。

5.1.2 模型分析

5.1.2.1 数据来源

基于 1998~2010 年的季度数据对前面的模型进行估计，宏观季度数据均来源于中经网数据库，包括 GDP、消费、投资、房地产价格、CPI 和利率。由于我们的数据都是非平稳数据，因此通过 HP 滤波的方法对所有变量进行趋势分离；房地产价格由商品房销售总额除以商品房销售面积计算获得；利率采用银行间同业拆借加权平均利率；GDP、消费、投资和房地产价格数据利用 X_12 进行季节调整，得到不含季节因素的季度数据；相应的测量方程如下：

$$Y_t = \begin{bmatrix} dlGDP_t \\ dlCONS_t \\ dlHouseP_t \\ dlINV_t \\ dlP_t \\ dlRate_t \end{bmatrix} = \begin{bmatrix} y_{ss}^a \\ c_{ss} \\ q_{ss} \\ i_{ss} \\ \pi_{ss} \\ r_{ss} \end{bmatrix} + \begin{bmatrix} y_t^a - y_{t-1}^a \\ c_t - c_{t-1} \\ q_t - q_{t-1} \\ i_t - i_{t-1} \\ \pi_t - \pi_{t-1} \\ r_t - r_{t-1} \end{bmatrix} \tag{5.29}$$

其中，$dlGDP_t$、$dlCONS_t$、$dlHouseP_t$、$dlINV_t$、dlP_t、$dlRate_t$ 分别指季节调整和 HP 滤波后的 GDP、消费、房地产价格、投资、CPI 和利率数据的对数差分；y_{ss}、c_{ss}、q_{ss}、i_{ss}、π_{ss} 和 r_{ss} 分别为相应变量的稳态值。

5.1.2.2 校准参数

模型中需要校准的参数包括，资本占总收入的比例 α；资本折旧率 δ；效用函数中的折现因子 β，以及参数 η 和 γ。部分参数采用之前文献估计和普遍采用的校准值，部分主要参数进行估计校准。选取时间偏好的消费替代率 $\beta = 0.9926$，即稳态下年利率为 3%；选取 $\delta = 0.025$，即资本的年折旧率为 1%；根据徐高（2008）的估计，设定 $\eta = 6.752$ 和 $\gamma = 3.13$；根据 Zhang（2009）的估计，设定中间品的替代弹性为 $\theta = 4.16$，以及消费习惯形成参数 $b = 0.61$；根据 Christiano（2005），设定劳动力的替代弹性为 $\theta_w = 21$。资本产出弹性的估计采用第 3 章的式 （3.22）的估计值为 $\alpha = 0.499$，劳动产出弹性的估计值为 0.501。

表 5 - 1　　　　　　　　　　　校准参数的校准值

参数	β	δ	α	θ	θ_w	η	b	γ
校准值	0.9926	0.025	0.499	4.16	21	6.752	0.61	3.13

5.1.2.3　贝叶斯估计参数的先验分布

模型中其他参数，则采用贝叶斯估计技术进行估计。表 5 - 2 显示了结构性参数先验分布的均值和标准差以及后验分布的均值和 95% 的置信区间。

表 5 - 2　　　　　　　贝叶斯估计参数的先验分布及后验分布

	先验分布			后验分布		
	分布	均值	标准差	分布	2.5%	97.5%
ε_w	Beta	0.73	0.1	0.72733	0.58826	0.85204
ε_p	Beta	0.84	0.1	0.80744	0.67064	0.94571
p	Normal	1	0.2	0.99399	0.84303	1.12663
ρ_r	Beta	0.75	0.1	0.76680	0.57984	0.92339
ρ_y	Gamma	0.6	0.1	0.56899	0.38586	0.74721
ρ_π	Gamma	2.6	0.1	2.49393	1.84124	3.17044
$P_h h/Y$	Beta	0.1311	0.1	0.2070	0.1471	0.2757
$\rho_{\varepsilon A}$	Beta	0.7	0.1	0.7624	0.7185	0.7965
$\rho_{\varepsilon r}$	Beta	0.7	0.1	0.5019	0.4718	0.5374
$\rho_{\varepsilon d}$	Beta	0.7	0.1	0.5019	0.4718	0.5374
$\rho_{\varepsilon p}$	Beta	0.7	0.1	0.7747	0.6864	0.8401
$\rho_{\varepsilon h}$	Beta	0.7	0.1	0.1477	0.1027	0.1848
$\sigma_{\varepsilon r}$	Inv_Gamma	0.2	1	0.2527	0.2237	0.2811
$\sigma_{\varepsilon d}$	Inv_Gamma	0.2	1	0.0481	0.0283	0.0672
$\sigma_{\varepsilon p}$	Inv_Gamma	0.2	1	0.1803	0.1488	0.2124
σ_ε	Inv_Gamma	0.2	1	0.6316	0.5338	0.7728
σ_h	Inv_Gamma	0.2	1	0.2481	0.2027	0.2907

货币政策规则中参数先验分布的均值为：利率关于通货膨胀的弹性 $\rho_\pi = 2.6$，利率关于通货膨胀预期的弹性 $\rho_r = 0.75$，利率关于产出缺口的弹性 $\rho_y = 0.6$，三个参数先验分布的标准差均设为 0.1，并服从 Beta 分布。对于价格黏性先验分布：采用 Liu（2009）的估计值作为先验分布的均值 $\varepsilon_p = 0.84$，标准差设为 0.1，并服从 Beta 分布。目前没有关于中国工资黏性的研究，先验分布采用的是 Smets（2007）的估计将先验分布：均值设定为 0.73，标准差设为 0.1，并服从 Beta 分布。对于房地产偏好参数先验分布：均值设为 1，标准差设为 0.1，并服从 Beta 分布。房地产市场占 GDP 比例的稳态值的先验分布：均值由 2009 年中国房地产销售额和 GDP 比例确定①，标准差设定为 0.1，并服从 Beta 分布。所有冲击的自回归系数的先验分布都设为均值为 0.7，标准差为 0.1，且服从 Beta 分布。所有冲击的标准差的先验分布：均值为 0.1，标准差为 1，服从 Inverse Gamma 分布。

估计得到后验分布的均值 $\varepsilon_p = 0.807$，意味着价格每五个季度调整一次，说明我国的价格黏性略高于美国②。估计得到后验分布的均值 $\varepsilon_w = 0.727$，因此中国工人工资的调价频率略低于美国，但仍意味着工资合同的平均四个季度调整一次，说明我国的工资黏性现象较为明显。中国房地产部门对 GDP 的贡献的稳态值的后验分布均值为 0.2070，说明房地产市场对整体宏观经济的影响较大。在所有冲击的后验分布结果中，房地产成本冲击的自回归系数最小，而房地产偏好冲击的自回归系数最大；技术冲击的标准差最大，货币政策冲击其次，而信贷约束冲击的标准差最小。

5.1.2.4 估计模型与实际数据的拟合

表 5-3 给出了实际产出、消费、投资、房地产价格的标准差以及同期相关关系的模拟数据和实际数据。如表 5-3 所示，除通货膨胀外，

---

① 2009 年商品房销售额 43995 亿元，GDP 总额为 335353 亿元。

② 基于美国的数据，之前文献估计美国厂商调整价格的频率为 3~4 个季度（Christiano，Eichenbam and Evans，2005；Smets and Wouters，2007）。

其他变量的实际数据标准差大部分都落在基准模型模拟二阶矩的 95% 置信区间里,这说明基准模型很好地模拟了各变量的二阶矩;另外可以看到,除了房地产价格和通货膨胀之间的相关关系之外,消费、投资、房地产价格与实际产出之间,以及消费、投资和实际产出与房地产价格之间的相关关系方向与模型使用的数据都是一致的,而且基本都落在了95% 的置信区间。因此,基准模型对实际数据有较强的解释力,可以很好地解释房地产部门和非房地产部门的经济周期行为。

表 5 - 3   模型和实际数据比较

	模型			实际数据
	标准差	2.5%	97.5%	标准差(%)
dy	0.6300	0.2368	5.3539	0.46031
di	0.9549	0.4266	9.5519	0.79887
dq	2.0057	1.1223	7.2750	1.89825
dr	0.2167	0.1904	0.5598	0.69064
dc	0.2136	0.1012	1.3951	0.49950
dPi	0.0706	0.4293	0.0707	0.07271

	模型			实际数据
	相关系数	2.5%	97.5%	标准差(%)
dc, dy	0.6564	0.4985	0.6306	0.69240
di, dy	0.6205	0.6222	0.7014	0.64246
dq, dy	0.4651	0.3729	0.5690	0.57596
dPi, dy	− 0.1530	− 0.0009	− 0.6223	− 0.22518
dq, di	0.4152	0.3900	0.4638	0.61829
dq, dc	0.6287	0.5589	0.7038	0.97431
dq, dPi	− 0.0715	0.1342	− 0.3462	0.17716

5.1.3 脉冲响应

5.1.3.1 房地产偏好冲击的脉冲响应

在这部分,主要考察估计模型中房地产偏好冲击和房地产成本冲击对房地产价格和经济产生的动态影响。

从图 5-1 中可以看出，正的房地产偏好冲击导致总产出当期相对稳态增加 6% 后逐步回降，在四个季度后调整到稳态水平下 4% 后重新增加，并逐步回到稳态水平；房地产价格当期增加 40% 后开始下降，在四个季度后开始增加并逐步回到稳态水平；非房地产消费当期相对稳态小幅度下降 1.7% 后逐步增加，在七个季度后开始下降并逐步回到稳态水平。正的房地产偏好冲击提高了房地产消费的边际效用，导致房地产部门的需求上升，使得总产出增加和房地产价格的上升，提高了代表性家庭的抵押品的价值，从而允许代表性家庭可以增加消费，因此进一步放大了房地产偏好对总产出和房地产价格的冲击①。另外，中国的 GDP 数据中实际已包含了房地产价格因素②，因此总产出在当期房地产价格上涨的背景下，总产出也当期迅速增加。正的房地产偏好冲击使得房地产价格升高，在预算约束限制下代表性家庭在房地产部门的消费增

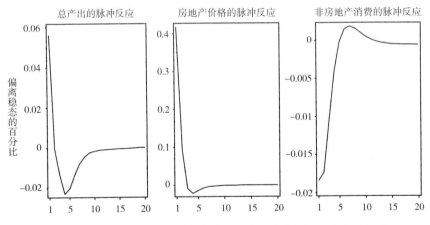

图 5-1　总产出、房地产价格和消费对房地产偏好冲击的脉冲响应

---

① 本书同时估计了在基准模型下去掉房地产抵押贷款下的各种冲击对总产出、房地产价格和非房地产部门消费的影响，结果显示抵押贷款效应并不改变脉冲响应的波形，仅是放大了脉冲响应的幅度。

② 在我国标准国民经济行业分类中，房地产业所包含的经济活动被分为三大类：房地产开发与经营活动；房屋出租活动；房地产经纪与代理活动（刘洪玉等，2003）；而在房地产价格上涨的背景下，房地产经营、房地产交易和房地产租赁等活动的利润会随之增加，从而使得在国民经济核算中的房地产产业增加值上升。

加，降低了其在非房地产部门的消费。

5.1.3.2　房地产成本冲击的脉冲响应

从图 5 - 2 中可以看出，房地产成本上升导致房地产价格当期下降 60%，然后逐步上升，在六个季度后逐步回到稳态水平；而总产出当期相对稳态下降 2% 后逐步上升，在四个季度后上升到相对稳态的 4%，然后开始下降最后回到稳态水平；非房地产消费在第二季度达到相对稳态小幅度上升 3% 后逐步下降，在第八季度后逐步上升回到稳态水平。因此，正的房地产成本冲击使得房地产价格下降，而总产出则在冲击出现的当期下降，在经历一个驼峰式的上涨后回到稳态水平。而正的房地产成本冲击使得房地产价格下降，在预算约束下代表性家庭在房地产部门消费的降低增加了其在非房地产部门的消费。

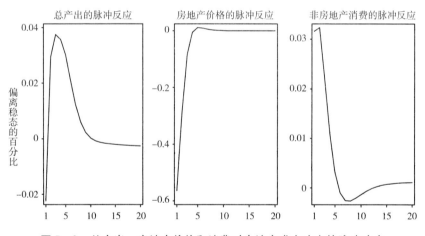

图 5 - 2　总产出、房地产价格和消费对房地产成本冲击的脉冲响应

5.2　中国房地产价格波动分析

近几年，随着中国房地产市场的发展和房地产价格的不断攀升，关于中国房地产价格波动成因的讨论越来越多。因此本部分试图基于前面

建立的理论模型,从定量的角度研究造成中国房地产价格波动的主要原因。房地产价格的波动是所有冲击共同作用的结果,传统的方法很难找出每个冲击的影响,在动态一般均衡模型下,可以分解每个单独的冲击对内生变量的影响,具体的计算如下:将模型的贝叶斯估计中估计的各个冲击的实现值分别代入模型中,而同时保持其他冲击的实现值为零,从而得到在每一个冲击对房地产价格波动的贡献值。表5-4给出了本部分在基准模型下房地产价格波动的方差分解结果:房地产偏好冲击解释了房地产价格波动的28.78%;包括贷款利率调整和货币供应量等的货币政策冲击解释了房地产价格波动的13.36%;银行信贷政策冲击解释了房地产价格波动的1.91%;房地产成本冲击解释了房地产价格波动的55.81%;工资成本冲击解释了房地产价格波动的0.18%。因此主要影响房地产价格的是房地产的成本冲击,其次是房地产偏好冲击和货币政策冲击。

表5-4 方差分解

冲击	ε_t^r	ε_t^p	ε_t^d	e_t^w	ε_t^h
比例	13.36%	28.78%	1.91%	0.18%	55.81%

图5-3则给出了造成房地产价格波动的主要三个冲击在不同期对房地产价格波动的贡献值。从图5-3中可以看出,货币政策冲击从2006年开始才成为房地产价格偏离趋势向下的因素,在此之前,货币政策冲击对房地产价格波动的贡献基本上都是偏离趋势向上。另外,如图5-3所示,1998~2005年,房地产偏好冲击一直是房地产价格上涨的因素之一,房地产偏好冲击的贡献值的波动也越来越大,尤其是2008年金融危机前后,房地产偏好冲击引起的房地产价格波动更加剧烈。这主要是由于1998年"房改"后,房地产消费逐渐成为中国每个家庭总消费中的重要支出,从而使得房地产偏好冲击对房地产价格波动的贡献也越来越大;同时,房地产本身还具有金融属性,而且"房改"以来的持续上涨,使得房地产在投资领域的所占比例越来越大,房地产需求越来越多元化,使得房地产价格越来越受到人们对宏观经济以及房

价预期等因素的影响，从而使得房地产偏好对房价波动的贡献值越来越大。

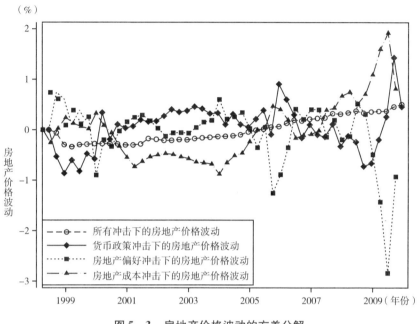

（%）

房地产价格波动

‑‑‑o‑‑ 所有冲击下的房地产价格波动

——◆—— 货币政策冲击下的房地产价格波动

‑‑■‑‑ 房地产偏好冲击下的房地产价格波动

——▲—— 房地产成本冲击下的房地产价格波动

图 5 - 3　房地产价格波动的方差分解

　　最后，从图 5 - 3 可以看出，供给冲击对房地产价格波动的贡献值一直较大，在 2005 年之前土地成本方面对房地产价格的贡献值总体上是向下的，而 2005 年之后其对房地产价格的贡献值则一直是向上的。对这一结果的合理解释是来自土地市场的改革。由于中国的土地市场自 1999 年建立土地招拍挂制度，随后出台了一系列规章制度，并明确规定 2004 年 8 月 31 日后经营性土地不得再以协议方式出让①。土地市场的改革规范了国有土地使用权的出让行为，土地市场的改革也强化政府对土地一级市场的垄断，尽管增强政府对土地市场的调控能力，但同时

———————————

　　①　2004 年国土资源部、监察部联合下发《关于继续开展经营性土地使用权招标拍卖挂牌出让情况执法监察工作的通知》，规定 2004 年 8 月 31 日以后所有经营性用地出让全部实行招拍挂制度，即所谓的"831"大限。

使得土地市场的供给关系更加紧张，从而推高土地价格并最终抬高了房地产价格。

5.3 土地市场及政策分析

2003 年在《国务院关于促进房地产市场持续健康发展的通知》中，我国第一次提出把土地市场作为宏观调控的重要手段。在近几年的实践中，运用土地对整体宏观经济特别是房地产市场进行调控，已经取得了十分显著的成效。西方经济学理论中通常所指的宏观调控，主要是指根据经济运行状况运用货币政策和财政政策从而稳定经济。而土地政策在宏观调控中的运用则是认识到土地这一重要的生产资料在我国的经济运行中的特殊作用，从而控制投资所需土地进而调控经济（范恒山，2010）。关于土地政策与宏观调控的研究已有不少，一些学者认为，政府在 2003 年以后推出的宏观调控仅涉及土地供给与银行信贷，不能算真正意义上的宏观调控，仅是行政性的微观手段，政府对于当时的经济过热仅通过行政方式来遏制，虽然短期内能有所表现，但从长期看则未必有效（卢为民，2008）。另外，一些学者则认为，土地政策参与宏观调控符合中国目前的经济发展阶段，是特定发展时期的必然选择（甘藏春，2009）。总体来说，关于中国的土地政策究竟包括哪些方面，对宏观经济尤其是房地产市场如何产生影响等问题，仍然缺乏深入的研究。本章首先介绍中国土地制度的变迁，然后讨论中国的政府垄断土地供给模式，最后分析了中国的土地市场宏观调控。

5.3.1 我国房地产土地制度的变迁

在 1988 年之前，我国土地实行的是计划经济体制下的无偿划拨制度，土地是以政府行政划拨的方式进行配置，因此在此时期内中国并不存在真正的土地市场。1988 年《宪法修正案》，将原《宪法》中的"任何组织或个人不得侵占、买卖、出租或以其他形式非法转让土地"

修改为"任何组织或个人不得侵占、买卖或以其他形式非法转让土地。土地的使用权可以依照法律的规定转让",对土地使用权的合法转让进行了规定和解释。根据《宪法修正案》,国家又对《土地管理法》进行相应的修改,将原《土地管理法》中"任何单位和个人不得侵占、买卖、出租或者以其他形式非法转让土地"修改为"任何单位和个人不得侵占、买卖或者以其他形式非法转让土地",并明确规定"国家依法实行国有土地有偿使用制度",从而开启了中国的国有土地有偿使用制度。1990 年,国务院颁布《城镇国有土地使用权出让和转让暂行条例》,规定国有土地的使用权应以"协议、招标和拍卖"等市场交易方式进行出让。1998 年 12 月,国务院发布《土地管理实施条例》,明确国家依法实行土地登记发证制度的正式开始,规定依法登记的土地所有权和土地使用权受法律保护,任何单位和个人不得侵犯。在这些一系列的法律法规下,中国的土地有偿出让制度的基本框架初步建立起来,在此基础上中国的土地和房地产市场也逐渐开始活跃起来,各地在推行国有土地有偿使用、建立和发展土地市场方面取得了显著成绩。但是,各地出让国有土地使用权采用招标、拍卖方式的比例很小,经营性房地产开发用地的出让仍主要以协议方式进行。协议出让方式为寻租和腐败留下了温床,也扰乱了土地市场的建设,不利于国有土地资产价值的实现。

为进一步依法推行招标、拍卖出让国有土地使用权,1999 年 1 月 27 日国务院颁布《关于进一步推行招标拍卖出让国有土地使用权的通知》,提出规范国有土地使用权的出让制度,推行以招标和拍卖方式为主出让国有土地使用权,从而体现公开、公平、公正的原则,并实现政府按规划统一开发、统一供地,以供应引导和制约需求,实现土地优化配置,并有效防止土地出让中的不正之风和腐败行为。除按《土地管理法》和《城市房地产管理法》规定可以行政划拨供地的以外,其他建设用地必须以有偿方式提供;要严格限制协议出让国有土地使用权的范围,除划拨土地使用权转让、国有企业改革中处置划拨土地使用权以及特殊用途等用地外,都不得协议出让国有土地使用权。尽管出台了多项举措,但是国有土地资产通过市场配置的比例不高,透明度低;划拨土地大量非法入市，隐形交易；随意减免地价，挤占国有土地收益的现象严重，使得大量应有国家取得的土地收益流失到少数单位和个人手中。这不仅严重影响了对土地的保护和合理开发、利用，而且滋生腐败现象。为加强国有土地资产管理，切实防止国有土地资产流失，2001年4月国务院颁布《关于加强国有土地资产管理的通知》，从而进一步规范土地市场。此通知规定，有条件的地方政府可以对建设用地开始试行收购储备制度；要求各地政府严格执行《中华人民共和国土地管理法》、《中华人民共和国城市房地产管理法》中关于划拨用地范围的规定；土地使用权要依法公开交易，不得搞隐形交易；划拨土地使用权未经批准不得自行转让。2001年颁布的《关于加强国有土地资产管理的通知》标志着政府统一收购和储备，然后通过招标、拍卖挂牌方式出让的国有土地使用权管理制度的初步建立，即政府垄断土地一级市场并以招拍挂方式出让的制度。2002年6月，国土资源部颁布了《招标拍卖挂牌出让国有土地使用权规定》，规定自2002年7月1日起，全国范围内凡商业、旅游、娱乐和商品住宅等各类经营性用地，必须以招标、拍卖、挂牌等方式出让国有土地使用权。2004年3月国务院又颁布《关于继续开展经营性土地使用权招标拍卖挂牌出让情况执法监察工作的通知》，规定2004年8月31日之后，城市土地市场不得再以历史遗留问题为理由采用协议方式出让经营性国有土地使用权，只能采取公开招标、拍卖和挂牌的方式，从而最终停止了延续多年的协议转让方式。

　　土地供给制度不断完善，土地资源配置效率不断提高，政府收益不断上涨，但也由此造成了房价快速上涨，普通消费群体无力承担购房支出，从而引起社会对现行土地供应制度不满，对此，中央政府实施了一系列以土地供给制度改革为核心的宏观调控和政府规制措施。2006年《关于调整住房供应结构稳定住房价格意见》（简称"国六条"）提出"加大土地供应调控力度，严格土地管理，各地区要在严格执行土地利用总体规划和土地利用计划的前提下，根据房地产市场变化情况，适时调整土地供应结构、供应方式及供应时间。对于居住用地和住房价格上涨过快的地方，适当提高居住用地在土地供应中的比例，着重增加中低价位普通商品住房和经济适用房建设用地的供应量”，“优先保证中低价位、中小套型普通商品住房（含经济适用房）和廉租房的土地供应，其年度供应量不得低于居住用地供应总量的70%”。土地收益中安排一定的资金用于社会保障住房的建设，“要落实廉租住房资金筹措渠道，城市人民政府要将土地出让净收益的一定比例用于廉租住房的建设，把廉租住房制度纳入省级人民政府的目标责任制管理”。

5.3.2　土地市场的政府垄断分析

经过二十多年的土地使用制度改革，我国的土地市场制度建设已初具规模，政府统一收购和储备，然后通过招标、拍卖、挂牌方式出让的国有土地使用权管理制度的初步建立，实现了土地供应的“一个口子进水，一个池子蓄水，一个龙头放水”。但是，从总体上来看，尽管政府不断完善土地市场的相关制度，并实现对土地的垄断经营权，但是在实践中土地政策并没有发挥出应有的作用。接下来，本部分针对土地市场的土地储备和土地招拍挂制度进行探讨和分析。

5.3.2.1　土地储备制度

土地储备制度是指城市政府依法运用市场机制，通过收购土地所有权或使用权，并按照土地利用总体规划和城市规划，对土地进行前期开发整理与储备，以供应或者调控城市建设用地需求的城市土地管理和运行机制（卢新海，2008）。最早的土地储备制度源于荷兰，1896 年阿姆斯特丹为满足城市快速发展带来的大量新的住房需求，政府购买土地，从而开启了世界上最早的土地储备制度。而中国的第一家城市土地储备机构 1996 年在上海成立，旨在通过土地储备制度解决土地供应中存在的问题，控制上海的建设用地总量，促进上海房地产市场的有序发展。随后在全国各地陆续成立多家土地储备机构，而在早期政府并未对土地储备制度进行严格的规定，因此各地的土地储备机构的运作模式也大不相同，而土地储备机构运作的多样化也折射出当时中国土地市场管理的混乱。但是，随着我国土地市场的不断成熟，城市土地收购储备制度的定位和运作模式也越来越明确。以上海为例，1996 年成立的上海土地发展中心，是上海专门负责土地储备的机构，根据 1997 年颁布的《上海市国有土地使用者收购、储备、出让试行办法》，其只负责仍未出让使用权的国有土地和出让后依法收回的国有土地，因此其他性质的土地可以自行转让。上海土地发展中心最初的运作模式是通过与土地使用权所有者通过协商的方式，确定土地收购价格或约定土地收益分成，从而完成土地储备，因此其储备过程并没有强制性。但随着土地市场的不断发展，政府干预土地市场的意愿越来越强烈，在这样的背景下上海市政府于 2004 年颁布了《上海市土地储备办法》，加强政府土地储备的强制性，扩大土地储备的范围几乎涵盖所有的经营性建设用地，从而保证了政府垄断经营土地一级市场。在实施强制土地储备制度之前，虽然政府对土地实行土地划拨制度，但政府实际并未实现对土地的垄断经营，原有的土地基本已经划拨给各企事业单位和政府各部门，导致土地市场经常出现多头供地的情况。2007 年，我国以"完善土地储备制度，加强土地调控，规范土地市场运行，促进土地节约集约利用，提高建设用地保障能力"为目的，颁布了《土地储备管理办法》，从而明确了我国的土地储备制度。尽管在《土地储备管理办法》没有明确规定原划拨方式获得的国有土地使用权是否包括在土地储备范围里。但在大部分地方政府的具体实施办法中规定划拨土地使用权确需转让的，必须先经土地储备机构收购，然后再通过招拍挂方式进行出让。总之《土地储备管理办法》，保证了政府对土地一级市场的垄断经营权，使得土地储备成为政府调控市场的有力手段。

但是，在实现政府对土地一级市场垄断的同时，现行的土地储备制度也有其弊端。国土资源部土地整理中心所作的一项调查显示，各地积极开展土地储备的动因是多方面的，主要集中在三个方面：集中土地供应、调控土地市场、推行招标拍卖挂牌出让土地，选择以上三个方面原因作为开展土地储备工作动因之一的城市超过 75%；其次，有接近70% 的城市以提高土地收益为目的；另外，解决国企改革中的土地盘活、筹集城市建设经费、改变城市面貌也是促使各地开展土地储备工作的重要因素（顾长浩、何乃刚，2008）。根据 1989 年颁布实施的《国

有土地使用权有偿出让收入管理暂行实施办法》，城市土地出让收益的
20%归地方政府所有，专门用于城市建设和土地开发费用，其余80%
按照中央财政40%、地方财政60%进行分配。1994年，我国开始实行
实行中央和地方的分税制改革，在实施分税制后的十年间，地方的财政
收入占国家财政总收入平均为48%，但财政支出却占国家财政总支出
平均为70%（孔善广，2006）。一方面，分税制改革使得中央财政收入
规模不断扩大，增强了中央政府的宏观调控能力，但是另一方面，地方
财政收入占全国总收入比重不断减少的同时，支出比重却不断加大。而
分税制改革后城市土地收益全部归地方财政所有，这也刺激了地方政府
推动房地产业，不断加大城市建设力度并扩大城市规模，从而达到扩大
地方财政收入的目的。2010年，尽管房地产市场调控力度很大，很多
城市的土地出让收入仍然占到地方财政收入的一半以上，而全国的土地
出让金占地方财政收入更是达到76.6%的历史新高。土地储备制度推
出的初衷是通过土地储备制度实现土地调控，促进城市发展的合理化，
从而最大化社会公共福利。由于土地财政占地方财政的比重越来越大，
在实施土地储备制度过程中越来越多的地方政府把土地作为减轻财政压
力的工具，而没有通过土地储备实现土地调控的动力。分税制改革强化
了中央政府宏观调控的能力，但是通过土地储备实施土地市场宏观调控
的却是地方政府。地方政府对土地财政的极度依赖以及地方政府面临的
财政压力，使得地方政府很难有动力通过土地储备实施土地调控。因
此，在目前的制度安排下，地方政府不能很好地履行土地储备制度执行
者的职能。同时，土地储备制度在中央政府和地方政府博弈的过程中，
沦为地方政府实现"土地财政"的工具。

5.3.2.2　土地出让制度

改革开放前，我国在土地政策方面实行的是无偿划拨制度，土地的
使用是无偿、无限期的。改革开放后，土地的出让方式开始从无偿逐渐
转变为有偿，但是土地市场仍然不存在，土地使用权仍然不能转让。
1988年通过的《宪法修正案》，以及随后颁布的《土地管理法》和
《城镇国有土地使用权出让和转让暂行条例》为土地使用权的合法转让

提供了法律依据，土地制度从无偿划拨转变为土地有偿使用。协议出让方式使得土地市场开始逐渐形成，土地资源的配置也逐渐开始依靠市场的手段，使得土地使用效率大大加强。但是，在国有土地出让环节，尽管政府出台《中华人民共和国土地管理法》和《关于进一步推行招标拍卖出让国有土地使用权的通知》等一系列法律法规，协议出让方式容易形成权力寻租，从而导致低价出让国有土地，不仅造成国有资产流失，而且也扰乱了市场秩序，导致土地市场缺乏竞争。为此，2002 年国家明确规定部分经营性用地必须通过招拍挂方式出让，并于 2004 年8 月 31 日规定所有经营性用地出让全部实行招拍挂制度。土地出让的招拍挂制度有效地规范了国有土地使用权的出让行为，为土地市场引入竞争机制，通过市场竞争确定土地价格，从而避免通过行政手段配置土地资源所造成的权力寻租问题。土地参与宏观经济管理的内容，主要包括土地供给的数量、供给结构、供给方式等多个方面，是政府运用土地参与宏观经济管理的主要办法（孟星，2005）。而土地出让制度的实行，使得土地市场的交易秩序进一步规范，也使得政府实施土地政策调控房地产市场有了施展的平台。

但是另一方面，我国的土地资源配置的非市场程度仍然很高。土地的出让方式除了通过招标、拍卖、挂牌三种市场化的方式出让以外，还有很大一部分仍然采用政府无偿划拨方式，如政府行政办公用地、关系国计民生的部分产业用地以及公益性事业用地。而很多地方的政府部门或者企事业单位在获得划拨土地后，并没有从事公益性事业却实际从事经营性业务，从而扰乱了土地市场的交易秩序。另外，土地招拍挂出让制度本身也并非完美，招拍挂出让制度的推出本是为通过市场对土地资源进行配置，但在实践中依然难免"暗箱操作"，如 2009 年杭州的"许迈永案"，当事人在土地招拍挂中通过设置限制性条款锁定中标人，从而达到低价出让国有土地获利的目的。

5.3.3　土地市场的宏观调控分析

土地市场建立以来，一级市场迅速发展，通过一系列的法律法规基本建立了政府垄断经营的土地出让制度。但是相对土地出让的一级市场而言，土地二级市场的发展仍处于相对迟缓的状态，政府在土地二级市场的建设和管理方面却处在长期缺位的状态。土地二级市场是指国有土地使用权的转让，包括国有土地使用权的拥有者在使用权的有效期限内，将剩余期限的土地使用权转让、出租或进行抵押。不同于土地一级市场，土地二级市场的不仅交易主体具有多元性，市场的主体不再仅仅是政府；而且土地使用权的转让方式也具有多样性，包括买卖、抵债、交换、作价入股、合建、赠与、继承。主体多元性和交易方式多样性的特点，使得土地二级市场对交易制度的需求更甚于城市土地一级市场，但是目前我国城市二级土地市场的法律法规非常薄弱，市场机制仍然还不健全。另外，二级土地市场交易的过高税费也是制约土地二级市场发展的主要原因之一。城市国有土地使用权转让或房地产转让纯收入的20%~40%都需要上交国家，此外还要按房地产交易额的12%缴纳房地产税和按企业利润的33%计征所得税，因此二级市场土地转让收入的大半都作为税收上交国家（甘藏春等，2009）。有如此高的税率，严重制约了土地二级市场的发展，致使大量土地处在低效使用的状态而不能进入市场进行交易。

　　我国土地需求主要通过以下四个渠道获得土地：一是通过无偿划拨方式取得的土地；二是在"隐性市场"上，从拥有国家或集体土地使用权的单位和个人手中，未经政府同意或未办理任何补交出让金手续，获取非法供给的国家或集体土地；三是从一级市场通过有偿出让的方式获得土地；四是通过土地二级市场，以土地使用权剩余年限相应的市场价格从原土地使用者手中购得土地（卢新海，2008）。随着政府在土地一级市场有效实施垄断经营后，通过前两种方式获得的土地数量逐渐减少，而土地二级市场发展的滞后又使得二级市场的土地供给逐渐减少，因此土地需求都被挤压在土地一级市场。地方政府作为土地市场的管理者，具有调控市场的职能；但同时地方政府又是土地出让的直接受益者，具有追求土地收益最大化的激励。地方政府在承担大部分财政负担的同时，地方财政收入占国家财政收入的比例却在下降。由于土地财政占地方财政的比重越来越大，地方政府不仅没有动力实施土地市场的宏观调控，而且也缺乏推动土地二级市场的建设和发展的动力。而地方政府往往会利用其在市场中的垄断地位，并消极发展土地二级市场从而限制土地供应，进而实现其土地收益的最大化。

综上所述，在地方政府实施土地一级垄断经营、土地二级市场发展滞后的情况下，地方政府忽视其调控市场的职能，以土地收益最大化为导向，控制土地市场的供给，因而会导致土地价格的不断上升。因此，要实现土地市场的有效宏观调控，必须进行中央与地方的分税体制、征地制度和土地管理制度等多方面的改革，同时积极培育和完善土地二级市场。

5.4　房地产价格波动与货币政策

5.4.1　中国房地产价格波动与货币政策实证分析

5.4.1.1　数据选取

本部分基于中国 1998 年 1 季度 ~ 2010 年 2 季度的季度数据对前面的模型进行估计，宏观季度数据均来源于中经网数据库，包括实际 GDP、实际房地产价格、CPI、货币供应量。房地产价格由商品房销售总额除以商品房销售面积计算获得；用 M2 数据表示货币供应量；数据均利用 X_12 进行季节调整，得到不含季节因素的季度数据。

5.4.1.2　单位根检验

在进行 VAR 分析前，本部分先检验数据的平稳性，也即它们的单整阶数是否相等。我们首先用 ADF 方法分别对实际 GDP、货币供应量和实际房地产价格这三个时间序列变量进行单位根检验。从表 5 – 5 中可以看出，在 95% 的置信度下，实际 GDP、货币供应量和实际房地产价格满足一阶单整序列，这样，尽管实际 GDP、货币供应量和实际房地产价格这三个时间序列变量的原始序列不具有平稳性，但是它们的一阶差分都是一阶单整，为平稳时间序列。

表 5 - 5　　　　　　　　　　单位根检验结果

序列	检验类型	ADF 统计量	1% 临界值	5% 临界值	10% 临界值	P 值	结论
GDP	(C, T, 1)	-2.949	-4.168	-3.508	-3.185	0.1470	不平稳
ΔGDP	(C, T, 1)	-7.340	-4.178	-3.512	-3.187	0.0000	平稳
HP	(C, T, 1)	-2.580	-4.168	-3.508	-3.185	0.2893	不平稳
ΔHP	(C, T, 1)	-6.520	-4.178	-3.512	-3.187	0.0000	平稳
M2	(C, T, 1)	2.586	-4.168	-3.508	-3.185	1.0000	不平稳
ΔM2	(C, T, 1)	-4.275	-4.178	-3.512	-3.187	0.0034	平稳

注：① 变量前面的 Δ 代表变量的一次差分；

② 检验形式（C，T，N）括号中的 C 表示 ADF 检验时有常数项，T 表示含趋势项，N 表示滞后阶数。

5.4.1.3　协整检验

在单位根检验基础上还要进行协整检验，从而判断实际 GDP、实际货币供应量和实际房地产价格这三个时间序列变量是否存在长期均衡关系，而且这种关系是否是平稳的。从表 5 - 6 可以看出，GDP、货币供应量和房地产价格这三个变量在 1% 的显著性水平下存在一阶协整关系。

表 5 - 6　　　　　　　　　　协整关系检验

零假设：秩≤	最大似然估计值	特征值	迹检验统计量	5% 临界值	1% 临界值
0	-1083.2363	0.59603	54.0764 *	29.68	35.85
1	-1062.8423	0.15957	13.2883	15.41	20.04
2	-1058.9308	0.11437	5.4654	3.76	6.65

注：* 表示在 1% 显著水平上拒绝原假设。

5.4.1.4　脉冲响应分析

接下来，本部分对 GDP、货币供应量和房地产价格进行 VAR 分析，进而研究货币供给和产出对房地产价格的脉冲响应函数。

首先，从图 5 - 4 给出的房地产价格对货币供给冲击的脉冲响应可以看出，当出现1%的货币供给冲击后，房地产价格立即上升0.48%，随后持续下降，在第3季度下降到低于初始值的0.30%，然后逐渐增加并回到初始值。由图5 - 4可以说明，货币供给冲击会对房地产价格产生影响，但不具有长期持续性。其次，如图5 - 5所示的房地产价格

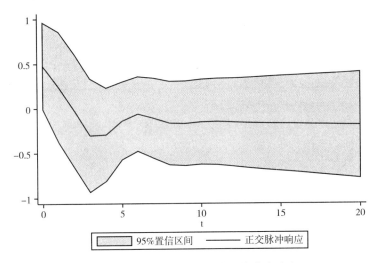

图5 - 4　房价对货币供给冲击的脉冲响应

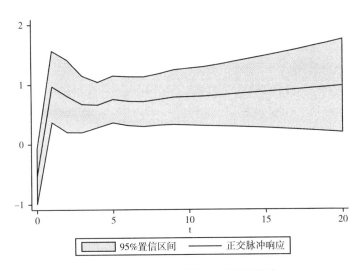

图5 - 5　房价对产出冲击的脉冲响应

对产出冲击的反应情况，当出现 1% 的总产出冲击后，房地产价格立即下降 0.48%，随后持续上升，在第 1 季度后一直处于其初始值的上方。因此可以说明，当受到总产出冲击后，房地产价格立即上升，而且房地产价格对产出冲击的响应有明显的持续性。

5.4.2　货币政策与信贷政策工具的比较

近年来，随着中国房地产价格的快速上涨，居民在购房过程中越来越多地依靠银行贷款，而且在贷款总量中所占的比例越来越高，使得房地产市场的价格波动风险集中于商业银行。贷款人的抵押资产价格会影响其从银行贷款的能力，贷款人从银行获得的信用额度取决于抵押资产的价格，反过来这些价格又会影响其信用额度，这种信用额度和资产价格之间的动态影响过程，使得信用约束和资产价格成为冲击产生效果、持续并放大同时传导到其他部门的传导机制。房地产抵押贷款在经济中起到了"金融加速器"的作用，房地产价格的大幅波动会影响实体经济的整体稳定。中国目前利率并没有完全市场化，从而影响货币政策调控市场的有效性，因此，在实践操作中，针对房地产市场的调控，中央银行多次使用货币政策和信贷政策的组合。信贷政策和货币政策相辅相成，相互促进。两者既有区别，又有联系。货币政策主要着眼于调控总量，通过运用利率、汇率、公开市场操作等工具借助市场平台调节货币供应量和信贷总规模，促进社会总供求大体平衡，从而保持币值稳定；信贷政策则主要着眼于解决经济结构问题，通过引导信贷投向，调整信贷结构，促进产业结构调整和区域经济协调发展。为降低房地产市场的风险，中国人民银行 2003 年出台了 121 号文件，2004 年 10 月 29 日和 2005 年 3 月 16 日两次调整住房贷款政策，贷款利率分别上调 0.27 个百分点和 0.20 个百分点。同时，2006 年 5 月 31 日，中国人民银行发布了《关于调整住房信贷政策有关事宜的通知》，规定从 2006 年 6 月 1 日起，商业银行发放的住房贷款首付款比例不得低于 30%；对购买套型建筑面积 90 平方米以下的自住房贷款最低首付款比例仍执行 20% 的规定。从 2007 年 3 月 18 日、5 月 19 日、7 月 21 日、8 月 22 日、9 月 15 日、

12 月 21 日，央行一年内连续进行 6 次加息。除了运用利率工具外，中央银行还史无前例地大幅度、高频率地调整存款准备金率从 2007 年 1 月 5 日宣布上调存款准备金率开始，2007 年总共 10 次上调存款准备金，最终达到 14.5（二十年来的最高值）。2007 年 8 月 21 日，中国人民银行下发《关于调整金融机构人民币存贷款基准利率的通知》，上调个人住房公积金贷款利率。2007 年 9 月 27 日，央行、银监会联合颁布《关于加强商业性房地产信贷管理的通知》规定对于贷款购买第二套房，首付不低于四成，利率为基准利率的 1.1 倍；不得发放"随房价上涨追加"按揭，不指定用途贷款、循环贷；严格房地产开发贷款，项目资本金不达 35%，不得发放贷款等。2007 年 12 月 11 日，中国人民银行、银监会联合发布《关于加强商业性房地产信贷管理的补充通知》，规定对于已利用银行贷款购买首套自住房的家庭，如其人均住房面积低于当地平均水平，再次向商业银行申请住房贷款的，可比照首套自住住房贷款政策执行。次贷危机后，2010 年 1 月 18 日中央银行又开始了提高准备金的一系列紧缩政策，截至 2011 年 6 月，共 11 次提高准备金率。另外，2010 年 4 月 14 日召开的国务院常务会议要求，对贷款购买第二套住房的家庭，贷款首付款不得低于 50%，贷款利率不得低于基准利率的 1.1 倍。对购买首套住房且套型建筑面积在 90 平方米以上的家庭，贷款首付款比例不得低于 30%。本节根据 5.1 节建立的 DSGE 模型对两种货币政策和信贷政策工具进行比较，从而为中央银行针对房地产市场的调控提供一定的理论依据。

图 5-6 显示了货币政策冲击对房地产价格和总产出的影响。从图 5-6 中可以看出，利率的突然下降导致总产出上升，三个季度后开始下降，房地产价格上升并在三个季度内一直保持高于初始值。更高的房地产价格使得代表性家庭可以提高自己的借款额，从而放大了货币政策冲击对消费和产出的正效应。短期利率的下降，使得房地产和非房地产部门的消费都上升，从而导致总产出和通货膨胀上升，这又造成货币规则对通货膨胀的负向反应，使得利率上升，最终导致非房地产消费和总产出都随之下降并最终回到稳态水平。

图 5-7 显示了房地产贷款信用约束冲击对房地产价格、产出和消费的影响。在正向的贷款约束冲击下，代表性家庭可以从金融中介获得

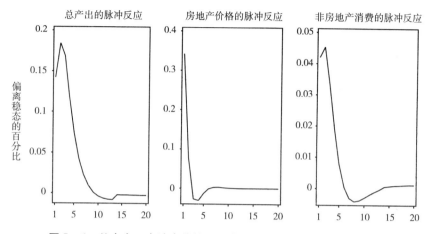

图 5 - 6　总产出、房地产价格和消费对货币政策冲击的脉冲响应

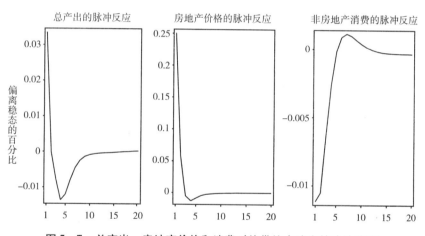

图 5 - 7　总产出、房地产价格和消费对信贷约束冲击的脉冲响应

的资金增加，从而使得家庭房地产部门的需求增加，同时房地产价格上升。而房地产价格上升又使得代表性家庭的抵押品价值上升，使其可以从金融中介获得更多的资金，进一步放大了抵押贷款对经济的正向效应。由于代表性家庭增加了在房地产部门的消费，使得非房地产部门的消费在信贷约束冲击出现时迅速下降到稳态水平以下，然后逐渐增加最终回到稳态水平。

在中国房地产价格不断攀升的背景下，其波动也不断变大，为了控制房地产价格同时稳定整体宏观经济，政府也开始积极采取措施调控房地产市场。而对房地产价格波动的控制会涉及对整个宏观经济的影响，因此政府在选择不同政策工具时需要比较不同的政策手段的有效性问题。从前面的分析我们看出，在使用利率工具进行调控时，总产出驼峰式增长，在第二季度达到峰值0.18，房地产价格则增加超过0.34；而在使用贷款约束工具时，总产出增加0.03，而房地产价格增加0.25。因此，在抑制房价过快增长时，尽管提高信贷首付比例的政策工具效力低于利率政策工具，但前者对整体经济的负面影响要小一个数量级。另外，在两种不同政策工具下，非房地产消费的脉冲反应也不同。在紧缩的货币政策冲击下，非房地产消费也随之减少，对房地产市场的政策会直接影响到非房地产部门；而在收紧的信贷约束冲击下，非房地产消费则随之增加且幅度很小，对非房地产部门的影响不大。因此，当政府仅仅调控房地产价格而不影响宏观经济的稳定时，政府应优先选择提高信贷首付比例的信贷政策工具，在首付比例无法调节的情况下，再选择利率作为调控手段。

5.4.3 最优货币政策选择

最早的关于货币政策和资产价格的理论可以追溯到欧文·费雪，他认为货币政策制定者应当致力于稳定包括资产价格，如股票、债券和房地产价格，以及生产、消费和服务价格在内的广义价格为目标。古德哈特（1995）沿着费雪的思路提出，资产价格的变动能够准确地反映未来消费物价的变化。古德哈特认为中央银行将货币政策的目标只限定在通货膨胀上，显得过于简单，应当构建包括房地产价格、股票价格和债券价格在内的广义通货膨胀指标，未来消费的价格和当前消费的价格是同等重要的，因此中央银行应当将包括一定权重的资产价格的广义价格指数作为货币政策的最终目标。例如，美国的股票市值或房地产市值都超过了美国GDP，因此古德哈特建议应以美国经济结构为基础编制一个广义价格指数，而各组成部分的权重与经济结构一致，其中商品和服务的价格占 80%，房地产价格的权重 15%，股票价格权重 5%。斯梅特（1997）系统分析了货币政策资产价格变动进行最优反应的问题，提出在保持价格稳定的前提下，货币政策如何对资产价格波动进行反应很大程度上取决于资产价格波动本身的原因。如果资产价格的上涨是因为技术进步引起的，则实际利率应当保持不变；如果股票价格的波动是由于非基本面的冲击，则提高利率水平是最优货币政策。资产价格和货币政策之间的关系是双向的：一方面，货币政策会改变资本市场资金的机会成本，从而影响资本市场参与者的行为，进而改变资产价格；另一方面，资产价格的变动使得经济中个体的投资和消费受到影响，从而改变货币政策的传导机制。宽松的货币政策刺激了房地产市场的快速发展，但同时房地产价格的波动也日益加剧，从而使货币政策的制定面临更大的挑战。自 20 世纪 80 年代以来，世界主要经济体都是以稳定通货膨胀作为货币政策的主要目标，并取得很好的效果。但是随着金融市场的发展，资产价格的波动对宏观经济的影响越来越大，很多国家的中央银行政策目标已经从单一的价格稳定转变成为价格和金融市场稳定。之前关于最优货币政策①的研究，尤其是针对货币政策是否对资产价格波动进行反应的讨论十分活跃，但大部分研究是针对股票市场的，而没有把房地产部门纳入研究的范畴内。另外，中国房地产价格的上涨偏离实体经济的趋势日益明显，从而增加了实体经济的不稳定性。因此，本节拟从最优货币政策的角度，讨论中国的中央银行在指定政策时是否应该更多地考虑房地产价格的因素。本部分假设中央银行在执行货币政策时，所面对的问题为通货膨胀和产出缺口波动的损失最小化问题：

$$\min_{\delta_g \to 1}(1 - \delta_g)E\sum_{t=0}^{\infty}\delta_g^t L_t \qquad (5.30)$$

其中，δ_g 为中央计划者的贴现因子，假设 $\delta_g \to 1$。伍德福德（1999）证明了货币政策的损失最小化问题是社会福利最大化的二阶近似，即：

---

①　最优货币政策是指在外生冲击的情况下，中央计划者最大化代表性家户福利的货币政策（Khan, A., R. King, and A. Wolman, 2002）。

$$E \sum_{t=0}^{\infty} \delta_g^t U_t = - \Omega \sum_{t=0}^{\infty} \delta_g^t L_t + t. i. p. + O(\parallel \varepsilon_t \parallel^3) \quad (5.31)$$

其中，$t. i. p.$ 项为和货币政策无关项，$O(\parallel \varepsilon_t \parallel^3)$ 为经济中的外生冲击随即项。因此，中央计划者最大化社会福利问题等价于最小化损失函数问题：

$$\max E \sum_{t=0}^{\infty} \delta_g^t U_t \Leftrightarrow \min(1 - \delta_g) E \sum_{t=0}^{\infty} \delta_g^t L_t \quad (5.32)$$

因此，当中央银行的货币政策最小化损失函数时，即实现最优货币政策的福利最大化条件。损失函数的具体形式为：

$$L_t = (\hat{\pi}_t)^2 + \lambda_1 (\hat{y}_t^a)^2 + \lambda_2 (\hat{r}_t)^2 \quad (5.33)$$

其中，λ_1 和 λ_2 是损失函数中产出缺口和利率相对于通货膨胀的权重：假设 $\lambda_1 = 1$，即中央银行对通货膨胀和产出缺口的波动给予相同的权重；中央银行在执行货币政策时，都有其连续性，会维持货币政策的相对稳定，因此在损失函数中加入了利率波动的权重 λ_2，并设置 $\lambda_2 = 0.1$。如图 5 - 8 所示，在估计的中国货币政策模型中加入对房地产价格波动的反应项后，在对房地产价格的反应系数取 0.57 时，损失函数最

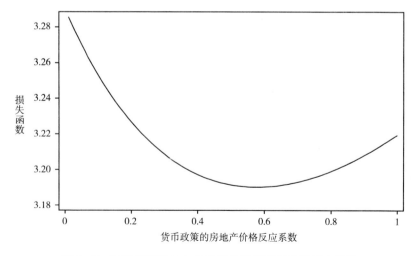

图 5 - 8　基准模型下加入房地产价格反应系数的损失函数

小化问题获得最小值 3.17。因此，根据我们的估计，在目前的货币政策下，货币政策如果对房地产价格波动进行温和反应可以有效降低经济波动造成的福利损失。

　　表 5-7 给出了估计的最小化损失函数的最优货币政策，利率的滞后系数和利率对通货膨胀、产出缺口和房地产价格的波动的反应系数。当货币政策对房地产价格波动进行反应时，在房地产价格上升的情况下，利率需要以更大幅度的增加来对冲击进行响应。紧缩政策降低了房地产价格的初始增加，部分地抵消了房地产投资的波动。另外，由于利率水平放大了的上升，抵消了抵押品价值效应对消费的正向影响。因此，当中央银行采取更加积极的货币政策应对房地产价格的波动时，不仅房地产价格的波动相对以前而言更小，其他部门的经济波动也变小。因此，根据估计，在最优货币政策下中央银行应该对房地产价格波动进行温和的系统性反应，对房地产价格波动直接反应的货币政策更优于不对其直接反应的货币政策。

表 5-7　　　　　　　　　　　　最优货币政策估计

货币政策参数	ρ_r	$\rho_{r\pi}$	ρ_{ry}	ρ_{rph}
估计值	0.614103	2.73901	0.778203	0.370929

附录5A：代表性家庭效用最大化问题

消费者在式（5.2）和式（5.3）的约束条件下，最大化跨期效用（5.1），得到一阶条件：

$$U_c(c_t - bc_{t-1}, h_t, l_t, m_t) - b\beta U_c(c_{t+1} - bc_t, h_{t+1}, l_{t+1}, m_{t+1}) = \lambda_t$$

$$\tag{5A1}$$

$$U_l(c_t - bc_t, h_t, l_t, m_t) = \lambda_t w_t \tag{5A2}$$

$$U_h = \beta\left(d_t \frac{R_t q_t}{\pi_{t+1}} - q_{t+1}\right)\lambda_{t+1} + (1 - d_t)q_t\lambda_t \tag{5A3}$$

$$\varphi_t = \beta E_t[\lambda_{t+1} r_{k,t+1} u_{t+1} - \lambda_{t+1} a(u_{t+1}) + \varphi_{t+1}(1 - \delta)] \tag{5A4}$$

$$r_{kt} = a'(u_t) \tag{5A5}$$

$$\lambda_t = \varphi_t\left[1 - S\left(\frac{i_t}{i_{t-1}}\right) - \left(\frac{i_t}{i_{t-1}}\right)S'\left(\frac{i_t}{i_{t-1}}\right)\right] + \beta E_t\left[\varphi_{t+1}\left(\frac{i_{t+1}}{i_t}\right)^2 S'\left(\frac{i_{t+1}}{i_t}\right)\right]$$

$$\tag{5A6}$$

$$\lambda_t = U_m(c_t - bc_{t-1}, h_t, l_t, m_t) + \beta\frac{\lambda_{t+1}}{\pi_{t+1}} \tag{5A7}$$

附录5B：基准模型的稳态值

在文章中对模型的定义和附录5A的一阶条件基础上，得出各变量的稳态值，为了计算的方便将代表性家庭的劳动力供给的稳态值 l_{ss} 和经济中房地产存量的稳态值和 h_{ss} 都归一化为1，具体结果如下：

$$R_{ss} = \frac{1}{\beta} \tag{5B1}$$

$$R_{ss}^k = \frac{1}{\beta} - 1 + \delta \tag{5B2}$$

$$s_{ss} = \frac{\theta - 1}{\theta} \tag{5B3}$$

$$w_{ss} = (1 - \alpha) \alpha^{\frac{\alpha}{1-\alpha}} (s_{ss})^{\frac{1}{(1-\alpha)}} (R_{ss}^k)^{\frac{\alpha}{\alpha-1}} \tag{5B4}$$

$$\lambda_{ss} = \frac{1}{w_{ss}} = (1 - \alpha) \alpha^{\frac{1-\alpha}{\alpha}} (s_{ss})^{1-\alpha} (R_{ss}^k)^{\frac{\alpha-1}{\alpha}} \tag{5B5}$$

$$k_{ss} = \left(\frac{\theta - 1}{\theta} \right)^{\frac{1}{\alpha(1-\alpha)}} \left(\frac{R_{ss}^k}{\alpha} \right)^{\frac{1}{\alpha-1}} \tag{5B6}$$

$$i_{ss} = \delta \left(\frac{\theta - 1}{\theta} \right)^{\frac{1}{\alpha(1-\alpha)}} \left(\frac{R_{ss}^k}{\alpha} \right)^{\frac{1}{\alpha-1}} \tag{5B7}$$

$$y_{ss} = \left(\frac{\theta - 1}{\theta} \right)^{\frac{1}{(1-\alpha)}} \left(\frac{R_{ss}^k}{\alpha} \right)^{\frac{\alpha}{\alpha-1}} \tag{5B8}$$

$$nh_{ss} = \delta_h h_{ss} \tag{5B9}$$

$$q_{ss} = \frac{p h_{ss}^{-\phi}}{1 - \beta} (1 - \alpha) \alpha^{\frac{\alpha}{1-\alpha}} (s_{ss})^{\frac{1}{(1-\alpha)}} (R_{ss}^k)^{\frac{\alpha}{\alpha-1}} \tag{5B10}$$

$$y_{ss}^a = y_{ss} + q_{ss} h_{ss} \tag{5B11}$$

附录5C：基准模型对数线性化

根据正文中校准和估计的模型参数确定附录5B得到的各参数稳态值，然后在稳态附近对模型进行对数线性化，从而得到如下的 22 个动态方程，从而定义了以下22个变量

$$\{ \hat{\pi}_t, \hat{r}_t, \hat{r}_{kt}, \hat{s}_t, \hat{m}_t, \hat{m}_t^a, \hat{\mu}_t, \hat{\lambda}_t, \hat{\varphi}_t, \hat{c}_t, \hat{l}_t, \hat{h}_t, \widehat{nh}_t, \hat{q}_t, \hat{u}_t, \hat{i}_t, \hat{y}_t, \hat{k}_t^a, \hat{k}_t, \hat{k}_t^h, \hat{y}_t, \hat{y}_t^a \}。$$

线性化式（5A1）得到：

$$\kappa \hat{\lambda}_t = [\hat{c}_t - b\hat{c}_{t-1}] + b\beta E_t [\hat{c}_{t+1} - b\hat{c}_t] \tag{5C1}$$

其中：$\kappa = \dfrac{(1-b)(1-b\beta)}{1-\beta}$

由式（5.5）线性化得到：

$$\frac{\theta_w - 1(1 + \beta\varepsilon_w^2) - \theta_w(1 - \varepsilon_w)(1 - \beta\varepsilon_w)}{(\theta_w - 1)\varepsilon_w}\hat{w}_t$$

$$= \hat{w}_{t-1} + \beta E_t[\hat{w}_{t+1} + \beta(\pi_{t+1} - \pi_t) - (\pi_t - \pi_{t-1})]$$

$$+ \frac{(1 - \varepsilon_w)(1 - \beta\varepsilon_w)}{(\theta_w - 1)\varepsilon_w}(\hat{\lambda}_t + \hat{l}_t)$$

整理后得到:

$$b_w\hat{w}_{t+1} - \left(\frac{\varepsilon_w}{(1 - \varepsilon_w)} + b_w\right)\hat{w}_t - \frac{\varepsilon_w}{(1 - \varepsilon_w)}\hat{w}_{t-1}$$

$$= \left(\frac{\varepsilon_w}{(1 - \varepsilon_w)} + b_w\right)(\hat{\pi}_{t+1} - \hat{\pi}_t)$$

$$- \frac{\varepsilon_w}{(1 - \varepsilon_w)}(\hat{\pi}_t - \hat{\pi}_{t-1}) + \beta\varepsilon_w(\hat{l}_{t+1} - \hat{\lambda}_{t+1}) \tag{5C2}$$

其中: $b_w = 1 + (1 - \beta\varepsilon_w\theta_w)\dfrac{\varepsilon_w}{(1 - \varepsilon_w)}$

线性化式 (5A3) 得到:

$$\frac{p}{q_{ss}h_{ss}\lambda_{ss}}(-\hat{h}_t) = \beta d(\hat{q}_t + \hat{\lambda}_{t+1} + \hat{r}_t - \hat{\pi}_{t+1} + \varepsilon_d) - \beta(\hat{q}_{t+1} + \hat{\lambda}_{t+1})$$

$$+ (1 - d)(\hat{\lambda}_t + \hat{q}_t - \varepsilon_d) \tag{5C3}$$

由式 (5A7) 线性化得到:

$$\hat{\lambda}_t + \hat{\pi}_{t+1} = \hat{\lambda}_{t+1} + \hat{R}_{t+1} \tag{5C4}$$

由式 (5.6) 线性化得到:

$$\hat{s}_t = \alpha\hat{r}_{kt} + (1 - \alpha)\hat{w}_t \tag{5C5}$$

$$\hat{r}_{k,t} = \hat{w}_t + \hat{l}_t - \hat{k}_t \tag{5C6}$$

根据经济总约束得到:

$$\hat{w}_{i,t}\hat{l}_{i,t} + (1 + r_t)\hat{b}_{i,t-1} = \hat{c}_{i,t}\left(\frac{w_{ss}l_{ss}}{5} - (r_{ss} - 1)b_{i,ss}\right)$$

$$+ \hat{q}_t(\hat{h}_{i,t} - \hat{h}_{i,t-1})q_{ss}h_{2,ss} + \hat{b}_{i,t}b_{2,ss}$$

$$\hat{y}_t^a = \frac{c_{ss}}{y_{ss}}\hat{c}_t + \frac{i_{ss}}{y_{ss}}\hat{i}_t + \frac{k_{ss}r_{k,ss}}{y_{ss}}\hat{u}_t + \frac{q_{ss}h_{ss}}{y_{ss}}(\hat{q}_t + \hat{h}_t) \tag{5C7}$$

线性化货币政策式（5.20）得到：

$$\hat{r}_t = \rho_r\hat{r}_{t-1} + (1-\rho_r)(\rho_{r\pi}E_t[\hat{\pi}_{t+1}] + \rho_{ry}\hat{y}_t) + \varepsilon_t^r \tag{5C8}$$

由式（5A5）线性化得到：

$$\hat{r}_{k,t} = \frac{a''}{a'}\hat{u}_t \tag{5C9}$$

由式（5.5）和式（5.7）线性化得到：

$$\hat{\pi}_t = \frac{1}{1+\beta}\hat{\pi}_{t-1} + \frac{\beta}{1+\beta}E_t[\hat{\pi}_{t+1}] + \frac{(1-\beta\varepsilon_p)(1-\varepsilon_p)}{(1+\beta)\varepsilon_p}\hat{s}_t \tag{5C10}$$

由式（5A6）线性化得到：

$$(1+\beta)\hat{i}_t = \hat{i}_{t-1} + \beta\hat{i}_{t+1} + \left(1/S'\left(\frac{i_t}{i_{t-1}}\right)\right)\hat{\varphi}_t \tag{5C11}$$

由式（5A1）和式（5A7）我们得到线性化公式：

$$\hat{\lambda}_t = \hat{\lambda}_{t+1} - \hat{\varphi}_t + [1-\beta(1-\delta)]\hat{r}_{k,t} + \beta(1-\delta)\hat{\varphi}_{t+1} \tag{5C12}$$

由式（5.4）线性化得到：

$$\hat{u}_t = \hat{\bar{k}}_t^a - \hat{k}_t^a \tag{5C13}$$

$$\hat{k}_t^a = \frac{k_{ss}^h}{k_{ss}^a}\hat{k}_t^h + \left(1 - \frac{k_{ss}^h}{k_{ss}^a}\right)\hat{k}_t \tag{5C14}$$

对生产函数式（4.16）线性化得到：

$$\hat{y}_t = \alpha\hat{k}_t + (1-\alpha)\hat{l}_t + \varepsilon_t \tag{5C15}$$

对式（5.24）线性化得到：

$$\Delta\hat{h}_t = \alpha_h\hat{k}_{ht} + \varepsilon_t^h \tag{5C16}$$

由式（5.26）线性化得到：

$$\hat{h}_t = (1 - \delta_h)\hat{h}_t + \Delta\hat{h}_t \tag{5C17}$$

由式（5.27）线性化得到：

$$\hat{q}_t + \Delta\hat{h}_t = \hat{r}_{k,t} + \hat{k}_t^h \tag{5C18}$$

由式（5.28）线性化得到：

$$\hat{y}_t^a = \left(1 - \frac{q_{ss}h_{ss}}{y_{ss}}\right)\hat{y}_t + \frac{q_{ss}h_{ss}}{y_{ss}}(\hat{q}_t + \hat{h}_t) \tag{5C19}$$

根据贷款市场出清条件式（5.23）线性化得到：

$$m_{ss}^a(\hat{\mu}_t + \hat{m}_t^a) - m_{ss}(\hat{m}_t - \hat{\pi}_t) - w_{ss}l_{ss}(\hat{w}_t + \hat{l}_t - \hat{\pi}_t) = d_{ss}q_{ss}h_{ss}(\varepsilon_t^d + \hat{q}_t + \hat{h}_t) \tag{5C20}$$

根据经济中货币增长率的定义，线性化得到：

$$\hat{m}_t^a - \hat{m}_{t-1}^a + \hat{\pi}_t = \mu_t \tag{5C21}$$

线性化式（5A7）线性化得到：

$$-\gamma\hat{m}_t = \left(\frac{R_{ss}}{R_{ss}-1}\right)\hat{R}_t + \hat{\lambda}_t \tag{5C22}$$

译名对照表

A

Aiyagari 艾亚格里

Angel 安吉尔

B

Bernanke 伯南克

Boldrin 博俊

Bordo 波尔多

C

Calvo 卡尔沃

D

DiPasquale 迪帕斯奎尔

E

Ezekiel 伊齐基尔

Edelstein 埃德尔斯坦

F

Filardo 菲拉尔多

Finocchiaro 菲诺基亚罗

G

Gertler 格特勒

Gilchrist 吉尔

Green 格林

Goodhart 古德哈特

H

Haan 哈恩

Hartman 哈特曼

Heideken 海肯

I

Iacoviello 亚科维耶洛

J

Jeanne 珍妮

K

Khadduri 卡杜里

Kent 肯特

Kiyotaki 清泷

Kontonikas 坎通尼卡斯

Krusell 克鲁赛尔

Kydland 基德兰德

L

Leahy 莱希

Lowe 劳

Lucas 卢卡斯

M

Montagnoli 蒙塔诺里

Moore 摩尔

N

Notarpietro 诺塔皮耶图

P

Paries 帕瑞思

Paul 保罗

Prescott 普雷斯科特

R

Rendahl 森丹尔

S

Sargent 萨金特

Smet 斯梅特

Smith 史密斯

W

Wheaton 惠顿

Woodford 伍德福德

Wouters 伍特斯

参 考 文 献

［1］边燕杰，张展新．市场化与收入分配：对1988年和1995年城市住户收入调查的分析［J］．中国社会科学，2002（5）.

［2］陈伯庚．把握调控力度、关注调控效应——加强和完善房地产市场宏观调控探析［J］．中国房地产，2005（7）.

［3］陈杰．英国现代公共住房供应体系的制度分析［J］．法制与社会，2008（5）.

［4］陈耿，范运．调控房地产市场过热的货币政策选择：提高房贷利率还是提高首付比例［J］．生产力研究，2007（20）.

［5］董藩．万言书倒了，该彻底反思这次宏观调控时刻［J］．中国房地产报，2006-4-26.

［6］顾长浩，何乃刚．我国土地储备制度实证研究［J］．法制与社会，2008（1）.

［7］国家统计局城市司，广东调查总队课题组．城镇居民家庭财产性收入研究［J］．统计研究，2009（1）：11-19.

［8］郭国锋，刘孟晖．城乡居民收入差距原因探究［J］．经济问题，2007（2）.

［9］郭金兴．房地产的虚拟性及其波动性研究［M］．南开大学出版社，2005.

［10］郭庆旺，贾俊雪．中国全要素生产率的估算：1979—2004［J］．经济研究，2005（6）：51-60.

［11］郭建波．世界住房干预理论与实践［M］．中国电力出版社，2007.

［12］韩留富．长三角地区城乡居民收入差距扩大的现状、原因与

政策建议 [J]. 经济纵横, 2007.

[13] 韩立达, 肖云. 购房贷款首付比例变化对房地产市场的影响分析 [J]. 价格月刊, 2008 (1).

[14] 黄赜琳. 中国经济周期特征与财政政策效应——一个基于三部门 RBC 模型的实证分析 [J]. 经济研究, 2005 (6): 27 - 39.

[15] 黄祖辉. 转型期中国居民收入差距问题研究 [M]. 浙江大学出版社, 2007.

[16] 贺卫. 市场经济与转型期经济中的寻租比较 [J]. 经济科学, 1999 (6).

[17] 江海潮, 陈虹英, 王海云. 中国居民竞争力与居民收入差距研究综述 [J]. 湖南文理学院学报, 2007.

[18] 季雪. 北京中低收入阶层住房问题研究 [M]. 清华大学出版社, 2010.

[19] 孔行, 刘治国, 于渤. 使用者成本、住房按揭贷款与房地产市场有效需求 [J]. 金融研究, 2010 (1).

[20] 况伟大. 预期、投机与中国城市房价波动 [J]. 经济研究, 2010 (9): 67 - 78.

[21] 梁云芳, 高铁梅, 贺书平. 房地产市场与国民经济协调发展的实证分析 [J]. 中国社会科学, 2006 (3): 74 - 84.

[22] 李宏瑾. 房地产市场、银行信贷与经济增长 [J]. 国际金融研究, 2005 (7): 30 - 36.

[23] 李健飞, 史晨昱. 我国银行信贷对房地产价格波动的影响 [J]. 上海财经大学学报, 2005, 7 (2): 26 - 32.

[24] 李建. 欧美国家住房保障体系及对我国的启示 [J]. 社会保障制度, 2004 (12).

[25] 李健飞. 我国银行信贷对房地产价格波动的影响 [J]. 上海财经大学学报, 2005 (4).

[26] 李一鸣. 解析我国现阶段的收入分配差距 [J]. 统计与决策, 2002 (9).

[27] 李楠. 我国收入分配制度的演进及其对收入差距变动的影响

[J]. 江汉论坛, 2005 (2).

[28] 李宗胜, 周云波. 非法非正常收入对居民收入差距的影响及其经济学解释 [J]. 经济研究, 2001 (4).

[29] 李炳炎, 江皓. 我国现阶段居民收入差距的现状、成因及治理对策研究 [J]. 贵州财经学院学报, 2005 (6).

[30] 李实, 罗楚亮. 中国城乡居民收入差距的重新估计 [J]. 北京大学学报, 2007 (3).

[31] 李炯. 经济发展与公平分配——浙江居民收入差距问题研究 [M]. 中国经济出版社, 2007.

[32] 李稻葵, 刘霖林, 王红领. GDP 中劳动份额演变的 U 型规律 [J]. 经济研究, 2009 (1): 70-82.

[33] 李实, 魏众, 丁赛. 中国居民财产分布不均等及其原因的经验分析 [J]. 经济研究, 2005 (6): 4-15.

[34] 林毅夫. 中国经济转型时期的地区差距分析 [J]. 经济研究, 1998 (6).

[35] 刘乐山. 财政调节收入分配差距的现状分析 [M]. 经济科学出版社, 2006.

[36] 刘扬, 纪宏等. 中国居民收入分配问题研究——以北京市为例的考察 [M]. 首都经济贸易大学出版社, 2007.

[37] 刘斌. 我国模型的开发及在货币政策分析中的应用 [J]. 金融研究, 2008 (10).

[38] 刘琳等. 我国城镇住房保障制度研究 [M]. 中国计划出版社, 2010.

[39] 刘洪玉, 刘思齐, 许宪春. 房地产业所包含经济活动的分类体系和增加值估算 [J]. 统计研究, 2003 (8): 24-27.

[40] 罗楚亮. 城乡居民收入差距的动态演变: 1988—2002 年 [J]. 财经研究, 2006 (9).

[41] 廖晓慧. 现阶段居民收入差距: 问题与对策 [J]. 公共财政, 2007 (9).

[42] 马骊. 基于 panel data 模型的城乡居民收入差距影响因素分

析——以浙江省为例 [J]. 经济金融, 2007 (22).

[43] 马晓强, 王瑜. 中国收入差距的诠释: 回到新剑桥经济增长模型 [J]. 中共济南市委党校学报, 2007 (4).

[44] 田士超. 上海的收入差距: 基于泰尔指数分解的分析 [J]. 世界经济情况, 2006 (6).

[45] 世界银行. 中国经济报告: 推动公平的经济增长 [M]. 2003.

[46] 史永东, 陈日清. 不确定性条件下的房地产价格决定: 随机模型和经验分析 [J]. 经济学 (季刊), 2008, 8 (1): 211-230.

[47] 施建刚, 黄晓峰. 对经济适用房价格管制的经济学思考 [J]. 价格月刊, 2007 (10).

[48] 宋德勇. 中国地区差距的演变趋势及原因 [J]. 华中科技大学学报, 2001 (2).

[49] 唐文进, 陈勇. 住房抵押贷款定价模型与数值分析 [J]. 中南财经政法大学研究生学报, 2006 (1).

[50] 王丽敏. 对我国收入分配差距的初步分析 [J]. 当代经济研究, 2002 (9).

[51] 王明华. 论收入差距与两极分化之关系 [J]. 经济问题, 2003 (9).

[52] 王天夫, 王丰. 中国城市收入分配中的集团因素: 1986—1995 [J]. 社会学研究, 2005 (3).

[53] 王小鲁. 灰色收入拉大居民收入差距 [J]. 中国改革, 2007 (7).

[54] 王小鲁, 樊刚. 中国收入分配差距的变动趋势和影响因素 [M]. 中国远东出版社, 2005.

[55] 王申贺. 现代中国社会保障论纲 [M]. 中国人民大学出版社, 1997.

[56] 王韧. 中国居民收入差距的变动趋势——基于双二元动态框架的实证 [J]. 财经研究, 2006 (8).

[57] 王志平. 美国居民住房自有率探析 [J]. 上海市经济管理干部学院学报, 2008, 6 (3).

[58] 王维安，贺聪. 房地产价格与货币供求：经验事实和理论假说 [J]. 财经研究，2005 (5).

[59] 王来福，郭峰. 货币政策对房地产价格的动态影响研究 [J]. 财经问题研究，2007 (11)：15－19.

[60] 王屹. 房价调控的德国经验 [J]. 红旗文稿，2010 (12).

[61] 扈文秀，席酉民. 从众行为与投机性泡沫的关系研究 [J]. 系统工程理论与实践，2001，21 (7)：43－47.

[62] 吴立范. 美英住房政策比较 [M]. 经济科学出版社，2009.

[63] 吴玉督. 多层次调整分配政策缩小城乡收入差距 [J]. 宏观经济管理，2007 (3).

[64] 吴正俊. 从库兹涅茨"倒 U 曲线"看我国居民收入差距走向 [J]. 理论探讨，2007 (1).

[65] 徐高. 基于动态随机一般均衡模型的中国经济波动数量分析 [D]. 北京大学博士论文，2008.

[66] 许伟，陈斌开. 银行信贷与中国经济波动：1993—2005 [J]. 经济学（季刊），2009 (18).

[67] 邢成，韩丽娜. 财政税收杠杆对我国基尼系数的主要影响 [J]. 现代财经，2001 (9).

[68] 杨文生，赵杨. 商业银行房地产信贷系统风险国内外文献综述 [J]. 上海商学院学报，2010 (3).

[69] 余南平. 世界住房模式比较研究——以欧美亚为例 [M]. 上海人民出版社，2011.

[70] 祝大平，朱国众. 对上海城市居民收入差距的研究 [J]. 上海统计，2003 (3).

[71] 赵人伟. 对我国收入分配改革的若干思考 [J]. 经济学动态，2002 (9).

[72] 赵人伟. 转型期中国的收入分配制度 [J]. 云南大学学报，2003 (6).

[73] 赵人伟，李实，卡尔·李思勤. 中国居民收入分配在研究——经济改革和发展中的收入分配 [M]. 财政经济出版社，1999.

［74］周振华．我国收入分配变动的内涵、结构及趋势分析［J］．改革，2002（3）．

［75］周焱．如何正确看待剥削和两极分化［J］．理论前沿，2001（11）．

［76］郑荣琦．我国居民收入分配地区差距扩大的原因及调控对策［J］．河南金融管理干部学院学报，2002（1）．

［77］曾国安．20 世纪 90 年代以来中国居民收入差距的变化趋势、原因、影响与调节政策［J］．税务与经济，2003（3）．

［78］赵昕东．中国房地产价格波动与宏观经济——基于 SVAR 模型的研究［J］．经济评论，2010（1）：65 – 97.

［79］张东生．中国居民收入分配年度报告（2009）［M］．经济科学出版社，2009.

［80］张军，章元．对中国资本存量 K 的再估计［J］．经济研究，2003（7）：70 – 82.

［81］张涛，龚六堂，卜永祥．资产回报、住房按揭贷款与房地产均衡价格［J］．金融研究，2006（2）：1 – 11.

［82］张勇格．对两极分化的深层思考［J］．山西高等学校社会科学学报，2004（9）．

［83］张勇格．从倒 U 型曲线看我国居民收入差距的长期变动趋势［J］．生产力研究，2005（4）．

［84］张岑遥．城市房地产价格中的地方政府因素：成因、机制和效应［J］．中央财经大学学报，2005（10）．

［85］朱亚兵．城市土地出让中的问题与对策探讨［J］．特区经济，2006（6）．

［86］朱亚鹏．住房制度改革：政策创新与住房公平［M］．中山大学出版社，2007.

［87］Aiyagari, R.,"Uninsured Idiosyncratic Risk and Aggregate Saving"［J］. The Quarterly Journal of Economics, 1994, 109（3）：659 – 684.

［88］Bernanke,B. Gertler, M. and Gilchrist, S."The Financial Accelerator in a Quantitativ Business Cycle Framework"［J］. Working Paper

6455, 1998.

［89］Bernanke B. , M. Gertler and S. Gilchrist, "The Financial Accelerator in a Quantitative Business Cycle Framework"［J］. NBER Working Papers, No. 6455, 2008.

［90］Bernanke B. , and M. Gertler, "Monetary Policy and Asset Price Volatility"［J］. NBER Working Papers, No. 7559, 2000.

［91］Boldrin, M. , M. Woodford, "Equilibrium Models Displaying Endogenous Fluctuations and Chaos: A Survey," Journal of Monetary Economics, Elsevier, 1990, 25（2）, 189 – 222.

［92］Calvo, G. A. , "Staggered prices in a utility-maximizing framework"［J］. Journal of Monetary Economics, 1983, 12: 383 – 398.

［93］Christiano, L. , M. Eichenbaum and C. Evans, "Nominal Rigidities and the Dynamic Effects of a Shock to Monetary Policy"［J］. NBER Working Paper No. 8403, July 2001.

［94］Calvo G. A. , "Staggered Prices In a Utility-maximizing Framework"［J］. Journal of Monetary Economics, 1983, 12（3）: 383 – 398.

［95］Christiano L. , Eichenbaum, M. and C. Evans, "Nominal Rigidities and the Dynamic Effects of a Shock to Monetary Policy"［J］. Journal of Political Economy, 2005, 113（1）: 1 – 46.

［96］DeLong, J. , H. Summers, "Equipment Investment and Economic Growth," NBER Working Papers 3515, 1990.

［97］Den Haan, W. , and P. Rendahl, "Solving the Incomplete Markets Model with Aggregate Uncertainty Using Explicit Aggregation"［J］. CEPR Discussion Papers 6963, 2008.

［98］Den Haan, W. , "Solving Dynamic Models with Aggregate Shocks and Heterogeneous Agents"［J］. Macroeconomic Dynamics, 1997, 1: 355 – 386.

［99］DiPasquale, D. , and W. Wheaton, "Urban Economics and Real Estate Markets"［M］. Prentice Hall, 1995.

［100］Edelstein, R. , J. Paul, "House prices, wealth effects, and the Singapore Macroeconomy" [J]. Journal of Housing Economics, 2004, 13: 342 – 367

[101] Eerola, E. , Maattanen, N. "On the importance of borrowing constraints for house price dynamics" [J]. Bank of Finland Rearch Discussion Papers, 2008.

[102] Erceg C. , D. Henderson, and A. Levin, "Optimal Monetary Policy with Staggered Wage and Price Contracts" [J]. Journal of Monetary Economics, 2000, 46 (2): 281 – 313.

[103] Ezekiel, M. , "The Cobweb Theorem," [J]. Quarterly Journal of Economics, 1938, 52: 255 – 280.

[104] Fuhrer J. , "Habit Formation in Consumption and Its Implications for Monetary-Policy Models" [J]. American Economic Association, 2000, 90 (2): 367 – 390.

[105] Hartman, C. , "Housing and Social Policy. Englewood cliffs" [M]. Prentice Hall, 1975.

[106] Iacoviello, M, "House Prices, Borrowing Constraints and Monetary Policy in the Business Cycle" [J]. American Economic Review, 2005, 95 (3): 739 – 764.

[107] Judd, K. , "Numerical Methods in Economics" [M]. MIT Press, Cambridge, Massachusetts, 1998.

[108] Kiyotaki N. , and J. Moore, "Credit Cycles" [J]. Journal of Political Economy, 1997, 105 (2): 211 – 248.

[109] Kontonikas A. , A. Montagnoli, "Has Monetary Policy Reacted to Asset Price Movements: Evidence From The Uk," Economics and Finance Discussion Papers, Brunel University, 2002 – 11.

[110] Krusell, P. , and A. Smith, "Income and Wealth Heterogeneity in the Macroeconomy" [J]. Journal of Political Economy, 1998, 106 (5): 868 – 896.

[111] Liu, Z. Wang, P. and Zha, T. "Asset Prices, Credit Constraints, and Macroeconomic fluctuations," Reserve Bank of Australia, June 2009.

[112] Mankiw, N., D. Weil, "The Baby Boom, The Baby Bust, and the Housing Market" [J]. NBER Working Papers 2794, 1989.

[113] Matlack, J. Vigdor, 2006, "Do Rising Tides Lift All Prices? Income Inequality and Housing Affordability" [J]. NBER Working Paper 12331.

[114] McCallum, B., and E. Nelson, "Nominal Income Targeting in an Open-Economy Optimizing Model" [J]. Journal of Monetary Economics, 1993, 43 (3): 553 –578.

[115] Ortalo-Magné, Rady, S., "Boom in, bust out: Young house-holds and the housing price cycle" [J]. European Economic Review, 1999, 43: 755 –766.

[116] Ortalo-Magné, Rady, S., "Housing Market Dynamics: On the Contribution of Income Shocks and Credit Constraints" [J]. Review of Economic Studies, 2006, 73: 459 –485.

[117] Plano and Greenbery, "The American political dictionary" [M]. Holt, Rinehart and Winston, 1979

[118] Rotemberg J., and M. Woodford, "Dynamic General Equilibri-um Models with Imperfectly Competitive Product Markets" [J]. NBER Working Papers, No. 4502, 1993.

[119] Razzak, W. "Is the Taylor rule really different from the McCal-lum rule?" [J]. AEA Descussion Papers, October 2001.

[120] Sargent, T., "Conquest of American Inflation" [M]. Prince-tion University Press, 1999.

[121] Smets F., and R. Wouters, "Shocks and Frictions in US Busi-ness Cycles: A Bayesian DSGE Approach, Shocks and Frictions in U. S. Business Cycles" [J]. American Economic Review, 97 (3): 586 –606.

[122] Stein, J., "Prices and trading volume in the housing market: A model with down-payment effects. ", Quarterly Journal of Economics, 1995, 110: 379 –406.

[123] Smets, Frank and Wouters, Raf, "Shocks and Frictions in US

Business Cycles: A Bayesian DSGE Approach" [J]. manuscript, European Central Bank, April 21, 2008.

[124] Tuuli Koivu, Aaron Mehrotra and Riikka Nuutilainen, "McCallum rule and Chinese monetary policy" [J]. BOFIT Discussion Papers, 2008.

[125] Webb, J. R. and Willard M. "Real Estate Investment Acuisition Rules for REITs: A Survey" [J]. the Journal of Real Estate Research, 1986, Vol. 1, 77 – 98.

[126] Zhang, W. "China's monetary policy: Quantity versus Price rules" [J]. Journal of Macroeconomics, 2009, Vol. 31, 473 – 484.

后　记

　　从 2009 年开始构思本书到现在终于快要完成，首先要向我的导师李庆云教授表示感谢，很荣幸能够成为李老师的学生，从本书的选题，到本书的整个框架和脉络，都倾注了导师的心血。李老师带给我的不仅仅是学术上的帮助，他身上的严谨细致、一丝不苟的学者风范也影响着我。李老师恪尽"传道、授业、解惑"之责，学识渊博，治学严谨，对待学生宽容、平等而真诚，他是我工作和学习的榜样和楷模。李庆云老师可谓桃李满天下，门下的学生人才济济，这也让我享受着一个庞大而亲切的同门大家庭的关怀和照顾，感谢杨祖艳师姐、赵岩师姐、周晔师兄、李敏波师兄、杜林师兄、王昭玮、赵旭宏和鄢莉莉，他们不仅在学术上给我各种指点和启迪，而且还在人生的各个方面给我以帮助。最后还要感谢和我一起攻读博士的同学周晔馨、肖志光、孙旭光、高国伟等，常常会思念起我们的彻夜长谈，受益匪浅；感谢北京大学日本研修班的老师和同学，尤其是孙新昱、李杰、庄鹏冲、刘念等同学，一年的学习与日本之行让我们成为彼此砥砺前行的挚友。

　　其次，要感谢王一鸣教授、宋芳秀老师、赵留彦老师和施建淮老师，以及光华管理学院的龚六堂老师和经济研究中心的鄢萍老师，我或者是流连于他们的课堂，或者是直接得到他们的帮助和关怀，让我不断地领略到经济学的美妙。

　　最后还要感谢我的家人，他们总是在我最需要鼓励的时候陪伴在我的身旁。感谢我的父亲梁久文先生，从小就喜欢读书的我，都是因为受到他的熏陶和启迪，从小的时候的精卫填海，到择业时的循循教导，都得到了父亲的帮助、肯定和支持。感谢我的母亲刘喜凤女士，母亲是孩子最好的老师，是她从小教会我凡事都要坚持到底，勇敢并乐观地面对生活，同时要永远保持一颗好奇心去发现生活中的美丽。感谢我的妻子廉亦玮女士，感谢上天把她送到我的身边，她平和的心态也感染着我，让我可以静心完成自己的学业，并能够去从事自己向往的工作。最后要感谢我的儿子梁原畅小朋友，他的到来让我的人生更加的忙碌，但也有了更多意义。

2016 年 1 月 12 日